L•E•O

JOE VITALE
DANIEL BARRETT

DER REMEMBERING PROZESS

Aus dem Englischen übersetzt
von Thomas Görden

L•E•O

Dieses Buch enthält Links zu externen Webseiten Dritter, auf deren Inhalte der L·E·O Verlag keinen Einfluss hat. Deshalb können wir für diese fremden Inhalte auch keine Haftung übernehmen. Für die Inhalte der verlinkten Seiten ist stets der jeweilige Anbieter oder Betreiber der Seiten verantwortlich. Die verlinkten Seiten wurden zum Zeitpunkt der Verlinkung auf mögliche Rechtsverstöße überprüft, rechtswidrige Inhalte waren nicht erkennbar. Bei Bekanntwerden von Rechtsverletzungen werden wir derartige Links umgehend entfernen.

L · E · O Verlag ist ein Imprint der Scorpio Verlag GmbH & Co. KG,
herausgegeben von Michael Görden.

FSC
www.fsc.org
MIX
Papier aus verantwortungsvollen Quellen
FSC® C014496

Titel der amerikanischen Originalausgabe: *The Remebering Process*

Lektorat: Marita Böhm
Umschlaggestaltung: Torge Niemann, WRAGE
Satz: BuchHaus, Robert Gigler, München
Druck und Bindung: GGP Media GmbH, Pößneck
ISBN 978-3-95736-031-1

Dieses Buch widme ich meinem zukünftigen Selbst.
Ich möchte dir für alles danken, was du mich gelehrt hast.
Ich möchte dir für dein Mitgefühl danken und dafür,
wie du mich ermutigt und mit Begeisterung erfüllt hast,
während ich darum kämpfte, mich zu entspannen
und dich werden zu lassen.
Ich möchte dir dafür danken, dass du dich so gut
um die Menschen gekümmert hast, die ich liebe, und um
diesen irdischen Körper.
Oh, und dafür, dass du den Unterhalt des Ferraris
ermöglichst. Halte ihn gut in Schuss, während ich versuche,
mit dir Schritt zu halten.
In Liebe
Dein Dan, im newstonschen »Jetzt«

⊙

Ich widme dieses Buch deinem zukünftigen Selbst, das dich ansieht und dir rät, welche Schritte du als Nächstes unternehmen sollst, um die reichste, glücklichste und gesündeste Zukunft zu verwirklichen – eine Zukunft, die in Wirklichkeit bereits jetzt existiert. Genieße den Augenblick!
Liebe Grüße
Joe (ich könnte überall sein)

INHALT

»Manchmal erkennen wir, dass wir in uns Raum für die Freude schaffen müssen, statt zu erwarten, dass sie von außen kommt.
Manchmal erkennen wir, dass das, was wir kreativ erschaffen … schon da war, als es uns noch gar nicht gab.
Letztlich geht es darum, dass wir uns für diese Dinge öffnen, dass wir sie in unser Leben hereinlassen.
Diese Erkenntnis bringt unsere Seele auf unglaublich frohe Art zum Klingen.«

Alexandra du Bois, Komponistin, www.alexandradubois.de

VORWORT

Zunächst möchte ich betonen, wie sehr ich mich darüber freue, dass Joe und Daniel mich gebeten haben, dieses Vorwort für *Das Remembering-Geheimnis* zu schreiben. Daniels Arbeit kenne ich erst seit Kurzem, bewundere sie aber sehr. Joes Arbeit hingegen habe ich seit Jahren aufmerksam verfolgt und halte ihn für ein wahres Genie unseres Berufszweiges.

Seit der Veröffentlichung meines Buches *Lebe dein Leben, bevor es andere für dich tun* im Jahr 2009 sorgt es bei mir für anhaltendes Erstaunen, dass 95 Prozent der »Fanpost«, die ich für dieses Buch erhalte, einem einzigen Kapitel gelten: demjenigen über die Einstein-Zeit. Als ich vor dreißig Jahren begann, Vorträge darüber zu halten, wie man durch Beugung und Formung der Zeit Manifestationen herbeiführen kann, erntete ich viel begeistertes Kopfnicken. Ich finde es sehr ermutigend, mit eigenen Augen zu sehen, dass gegenwärtig eine positive Evolution stattfindet.

Das Remembering-Geheimnis regt auf einzigartige Weise dazu an, unsere Vorstellung von der Zeit radikal zu verändern. Ungefähr ab Seite 40 dürfte Ihr altes Zeit-Paradigma sich in Luft aufgelöst haben, was eine sehr gute Sache ist. So, wie es gegenwärtig um die Menschheit bestellt ist, haben wir positive Paradigmenwechsel dringend nötig. Dass Sie Ihr Zeit-Paradigma ändern, ist ein guter Anfang, weil es sich (buchstäblich) auf jede Minute Ihres Alltags auswirkt. Ändern Sie Ihren Umgang mit der Zeit, und Sie werden Ihr Leben verändern.

Also los! Blättern Sie weiter und tauchen Sie ein in Daniels und Joes außergewöhnliche Welt und in den *Remembering-Prozess.* In dieser Welt sind viele großartige Dinge möglich, die zuvor unmöglich waren. Ich sage voraus, dass dieses kleine Buch eine unerwartet große Wirkung auf alle haben wird, die die Kunst der Manifestation erlernen wollen.

Gay Hendricks,
Autor der Bestseller *Lebe dein Leben, bevor es andere für dich tun* und *Bewusster leben und lieben*
www.hendricks.com

VORWORT

Erinnern Sie sich an Ihre zukünftige Vergangenheit

von Joe Vitale

»Ein Musiker kann Vergangenheit, Gegenwart und Zukunft gleichzeitig sehen.«

Clifford A. Pickover, aus: *Time: A Traveler's Guide*

Ich begegnete dem Musiker Daniel Barrett zum ersten Mal am Dienstag, dem 9. Mai 2006. Ich erinnere mich so genau an das Datum, weil an diesem Tag Munrab Entertainment – eine Firma, die im Wesentlichen aus mir selbst bestand – das weltweit erste Konzert für Hunde veranstaltete. Es handelte sich um ein Rockkonzert, das vollständig in einer nur für Hunde wahrnehmbaren Tonhöhe stattfand. Dieses Konzert für Hunde wurde von der Band *porterdavis* gegeben, deren Leadsänger Daniel damals war. Die Songs waren für Menschen unhörbar, und jedes Mal wenn die Hunde irgendetwas taten – sich kratzten, anderen Hunden nachjagten, im Kreis herumliefen –, erklärten wir das damit, dass sie ihre Wertschätzung für die Musik zum Ausdruck brachten.

Natürlich diente das Ganze als Werbeaktion für mein Buch über den Schausteller und Marketingpionier P. T. Barnum: *There's a Customer Born Every Minute.* Selbst der Firmenname gab einen Hinweis darauf, denn Munrab ist »Barnum« – rückwärts buchstabiert. Das alles war ein großer Spaß. In mehreren Nachrichtensendungen wurde über uns berichtet, und Daniel und seine Band amüsierten sich bei ihrem Hunde-Konzert köstlich. Ich werde das wundervolle Geschenk nie vergessen, dass er und die Band mir machten. Sie verlangten keine Gage für das Konzert, weil sie es für eine witzige, abgefahrene Idee hielten und wussten, dass es ihnen viel Publicity einbringen würde.

Danach sah ich Daniel fünf Jahre lang nicht wieder. 2011 versuchte er, sich zum Lunch mit mir zu verabreden, und schickte mehrere E-Mails, aber ich war zu beschäftigt, was mir sehr leidtat, denn ich wollte ihn gern sehen. Geduldig wartete er ein paar Monate, bis ich endlich Zeit für ein Treffen fand.

Dieses Treffen erwies sich für uns beide als Wendepunkt.

Daniel hatte sich an mich gewandt, weil er etwas Rat und Ermutigung benötigte. Und genau das ist ja mein Fachgebiet: Ich bin Selbsthilfeautor und Coach und helfe den Leuten, ihre Ziele zu erreichen und ihr Potenzial zu entdecken.

Beim Lunch erzählte Daniel mir, dass er ein Trainingsprogramm starten wollte, welches Leute in die Lage versetzte, ihr erstes Album einzuspielen und zu veröffentlichen. Er nannte es das Rubikon-Jahr nach der Redewendung »den Rubikon überschreiten«, die sich darauf bezieht, dass Julius Cäsar im Jahr 49 v. Chr. das römische Gesetz brach und mit seinen Truppen den Fluss Rubikon überquerte. Mit der Überschreitung dieser Grenze verdeutlichte Cäsar unmissverständlich seine Absichten: Von nun an gab es kein Zurück mehr. Die Würfel waren gefallen. In gleicher Weise wollte Daniel Menschen helfen, ihre eigenen Grenzen zu überschreiten und sich entschlossen ihrer musikalischen Karriere zu widmen. Wie er sagte, handelte es sich um ein vollständiges Training, das nicht nur die musikalischen Fertigkeiten, sondern auch das Aufnehmen und Produzieren umfasste. Er wollte Musikern helfen, ihre selbst gesteckten Ziele zu verwirklichen.

Was Daniel zu diesem Zeitpunkt nicht wusste, war, dass *ich* Musiker werden wollte. Schon mein ganzes Leben hatte ich immer wieder kleine musikalische Gehversuche unternommen, die sich allerdings überwiegend darauf beschränkten, bei Partys und ähnlichen Anlässen Mundharmonika zu spielen. Doch in mir brannte der Wunsch, mich als Musiker neu zu erschaffen, und ich hatte beschlossen, dass 2011 das Jahr sein würde, in dem es passierte. Ich hatte Theaterstücke geschrieben, Gedichte, Bücher, Werbebroschüren … alles, was man sich vorstellen kann, nur keine Songs. Aber ich hatte keine Ahnung, wie ich beginnen sollte.

Und genau da tauchte Daniel auf.

Ich entschloss mich, ihm ein privates Ziel anzuvertrauen, mit dem ich schon seit Jahren schwanger ging: meine eigenen Songs zu schreiben, sie selbst vorzutragen und eine One-Man-Show auf die Bühne zu bringen, die den Titel »Mr. Fire's Wonder Show: ein Abend voller Magie, Musik und Wunder« tragen sollte. Dieses Projekt befand sich weit jenseits meiner bisherigen Komfortzone, aber ich war fest entschlossen, es trotzdem zu verwirklichen. Dass ich nach so vielen Jahren Daniel wiedertraf, deutete ich als ermutigendes Zeichen.

Ich erzählte ihm, dass ich mit meiner One-Man-Show in Austin auftreten wollte. Er sagte: »Das wäre etwas für Las Vegas. Du solltest es mit dieser Schlagzeile promoten: ›Was in Vegas geschieht, wird euer Leben für immer verändern‹.« Es gefiel mir, wie er meinem Traum sofort größere Dimensionen verlieh. Normalerweise ist es umgekehrt: Ich helfe anderen Leuten, größere Träume zu träumen.

Ich meldete mich nicht nur für sein Rubikon-Jahr an, sondern beauftragte ihn außerdem, mein erstes Album zu produzieren – woraus innerhalb nur eines Jahres gleich zwei Alben wurden. Als ich mich mit meinem ersten Song herumschlug, machte Daniel mir ein weiteres erstaunliches Geschenk: Er machte mich mit dem *Remembering-Prozess* vertraut, einer überaus wirkungsvollen Methode, um Ziele zu verwirklichen.

Dan sagte: »Es ist leichter, sich zu erinnern, als etwas zu erschaffen.«

Es ist leichter, sich zu erinnern, als etwas zu erschaffen.

Er schlug vor, dass ich mich an meinen ersten Song *erinnern* sollte: wie er sich anhörte, an den Text, die Melodie, die Akkorde. Er forderte mich nicht auf, den Song zu erschaffen. Er forderte mich auf, mich an den Song zu erinnern.

Diese Methode machte wirklich Spaß! Ich erzählte Dan, es komme mir vor wie eine weiterentwickelte Form des »Nevillisierens«. In meinem Buch *The Attractor Factor* lud ich die Leserinnen und Leser ein, ein Ziel zu »nevillisieren«, indem sie so tun sollten, als sei es bereits verwirklicht. Diese Bezeichnung verweist auf den spirituellen Lehrer und Philosophen Neville Goddard, der diese Technik in den 1950er- und 1960er-Jahren empfahl. Auf diese Weise kann man ein Ziel sehr wirkungsvoll im Bewusstsein verankern.

Doch bei Dans »Remembering-Prozess« geht man viel weiter in die Zukunft. Man tut so, als wäre das Ziel längst verwirklicht, und erinnert sich, wie es erreicht wurde.

Als Dan mir die Methode erklärt hatte, konnte ich gar nicht genug davon bekommen. Immer wieder sagte ich: »Ich erinnere mich, dass es in meinem Song dieses coole Gitarrenlick gibt.«

Ich spielte das Lick. Dann hielt ich inne und fragte mich, was in dem Song als Nächstes folgte.

Dan sagte: »Woran erinnerst du dich?«

Natürlich gab es den Song zu diesem Zeitpunkt in Wirklichkeit noch gar nicht. Doch dass ich versuchte, mich aus der Zukunft an ihn zu erinnern, als existiere er bereits, regte mich dazu an, auf spielerische, neugierige, experimentierfreudige Art kreativ zu werden.

Und ja, ich schrieb diesen ersten Song tatsächlich. Es gibt darin einige eingängige Gitarrenlicks, und der Text ist ziemlich hypnotisch. Dieser Prozess, durch Erinnern kreativ zu sein, gefiel mir. Ich sagte Dan, er solle darüber ein Buch schreiben.

Ein paar Monate später kam Dan zu mir nach Hause, um mit mir an der Produktion meines Albums *Blue Healer* zu arbeiten. Während wir nach oben in mein privates Tonstudio gingen, gratulierte ich ihm zu etwas, was er noch gar nicht getan hatte:

»Dan, es ist einfach toll, dass dein Buch jetzt auf der Bestsellerliste der *New York Times* steht! Ich bin stolz darauf, dass ich einen Beitrag zu dem Projekt leisten konnte. Und ich finde es beeindruckend, dass du dir immer noch Zeit für mein Rubikon-Training nimmst bei all den Interviewanfragen und Angeboten, die du jetzt bekommst, seit dein Buch so ein Riesenerfolg ist.«

Dan stand auf meiner Treppe, und man merkte ihm an, dass er erst einmal verarbeiten musste, was ich da gerade zu ihm gesagt hatte. Ich wendete seine Methode bei ihm selbst an. Er hatte dieses Buch noch gar nicht geschrieben, aber er wusste ja, dass ich aus der Zukunft zu ihm sprach und ihm davon berichtete, was geschehen war.

»Die Kritiker schreiben, dass dein Buch ein Durchbruch für die menschliche Kreativität ist und unser Verständnis der Quantenwirklichkeit enorm erweitert hat. Millionen Leserinnen und Leser lieben den Remembering-Prozess. Und ist es nicht toll, dass du Gelegenheit hattest, deine Methode zur besten Sendezeit im Fernsehen vorzustellen?«

⊙ ⊙ ⊙

Da war es nur natürlich, dass Dan tatsächlich ein Buch über seine neue Methode, den Remembering-Prozess, schrieb. Er musste es tun, denn ich hatte es in seiner Zukunft gesehen und ihm erzählt, dass ich mich an den Bestsellererfolg seines Buches erinnerte.

Dieses Buch hältst du, liebe Leserin, lieber Leser, jetzt in den Händen. Was ich damals nicht vorhersah, war, dass ich Koautor des Buches sein würde. Aber ich bin es und ich bin stolz darauf. Das Buch ist ein großes Geschenk für uns alle.

Als ich den Remembering-Prozess der Sängerin Sarah Marie erklärte, demonstrierte ich, wie es geht, indem ich zu ihr sagte: »Ich erinnere mich, dich sagen zu hören, dass dir für deine nächste CD ein Vorschuss von einer Million Dollar gezahlt wurde.«

Sarah bewies, dass sie schnell lernt. Sie sagte: »Es waren sogar 1,2 Millionen Dollar.«

Wie wäre es also, wenn du genauso spielerisch mit der Methode experimentierst? Wie auch immer dein Ziel oder dein Wunsch aussehen mag, stell dir vor, dass das Ziel bereits Wirklichkeit ist und du dich später an diese Erfahrung erinnerst. Erinnere dich daran, wie aufregend es war, dein Ziel zu erreichen, und spiele dann damit, dich genau an die Details zu erinnern, wie du es verwirklicht hast.

Ich erinnere mich daran, wie viel Freude dir dieser Prozess machte.

Ich erinnere mich, dass du unser Buch kauftest, als es auf den Markt kam, den Prozess regelmäßig praktiziertest und so dein Ziel erreichtest.

Erinnerst du dich?

EINFÜHRUNG

von Daniel Barrett

*»Es ist, wie Schubert sagte: ›Ich erfinde meine Musik nicht.
Ich erinnere mich an sie.
Ich erinnere mich an das, was ich tue.‹
Die einzige Verantwortung besteht darin, sorgsam
mit diesem Prozess umzugehen. … Sorge dafür, dass du
gut genug in Form bist, um das verwirklichen zu können,
was in dir darauf wartet. Und vergewissere dich, dass du
genug Ahnung hast von dem, was du tust, um im gegenwärtigen
Augenblick wirklich alles geben zu können.«*

Neil Young

Im Jahr 1997 schrieb ich einen Song mit dem Titel »Carter's Tune«. Ich erinnerte mich, dass Emmylou Harris ihn sang, obwohl der Song in Wirklichkeit noch nie gesungen worden war. Ich sah vor meinem inneren Auge, dass sie den Song bei einem Liveauftritt mit Lyle Lovett sang.

Ich stand damals noch am Anfang meiner Musikerkarriere und arbeitete in einem Kindergarten. An jenem Tag war ich spät dran, musste zur Arbeit, und der Song entstand in nur dreißig Minuten – fix und fertig. Ich schrieb den Text nicht auf, sang den Song aber gleich an diesem Abend bei einem Konzert.

Kein anderer meiner Songs spielt sich für mich so leicht wie dieser, und bei Konzerten ist es der, nach dem das Publikum am häufigsten verlangt. Er hat einen ganz besonderen Glanz, obwohl ich damals als Songwriter noch ziemlich unerfahren war.

Die Methode, die zu diesem Resultat führte, nenne ich den »Remembering-Prozess«. Sie ist ein Spiel, das ich in den 1990er-Jahren erfand, während ich in Boston Musik studierte. Dieses Spiel sollte mir helfen, besser mit der »Unruhe« klarzukommen, die mit dem kreativen Prozess einhergeht. Diese Unruhe befällt uns, wenn wir eine Inspiration in uns spüren, aber noch keinen Weg gefunden haben, ihr schöpferisch Ausdruck zu verleihen. Die Unruhe ist wie Dampf, während ein abgeschlossenes Projekt wie Eis ist. In *Der Weg des Zauberers* schreibt Deepak Chopra: »Die Ungewissheit, die wir innerlich spüren, ist das Tor zur Weisheit. Unsicherheit ist eine Begleiterscheinung jeder Suche – der Suchende wird immer wieder stolpern, aber er fällt nie.«

Was das kreative Schaffen angeht, haben mein Körper und Geist sich immer dagegen gesträubt, etwas zu »versuchen«. Ich habe versucht, es zu versuchen. Ich glaube, ich habe sogar versucht, zu versuchen, es zu versuchen. Doch bestenfalls führte das zu unauthentischen Resultaten, und schlimmstenfalls blockierte es mich und stürzte mich in eine kreative Depression. Ich musste einen Weg finden, kreativ zu sein, ohne mich dabei so sehr anzustrengen.

Der Remembering-Prozess erwies sich als die Lösung für dieses Problem. Er eröffnete mir eine Möglichkeit, anders über meine Musik zu denken, und zwar so, dass es Freude machte. Ich musste nicht länger versuchen, kreativ zu sein. Ich konnte einfach beschließen, dass ein Song längst geschrieben war, und mir dann vorstellen, wie er sich anhörte.

Gleich nach dem College wurde ich professioneller Musiker und Musiklehrer. Anfangs machte ich zusammen mit einem Freund Straßenmusik in zwei U-Bahnstationen: Porter Square und Davis Square in Boston, wo wir beide zur Schule gegangen waren. Daher hat unsere spätere Band ihren Namen: porterdavis. Wir taten uns mit einem dritten Musiker zusammen und 2004 verlegten wir unsere Heimatbasis nach Austin, Texas. Wir spielen American Roots und Blues und gewannen bei den Austin Music Awards einen Preis für den besten Roots Rock.

Ich empfand immer schon großen Respekt und Zuneigung für die Musiker, die vor mir kamen, und ich versuche, ihnen mit der Musik, die wir machen, Ehre zu erweisen. Ich interessiere mich auch sehr dafür, wie sie ihre Musik schufen. In einem Interview mit Bob Dylan las ich, dass er in den 1960er- und 1970er-Jahren Songs aus der großen universalen Quelle »empfing«. Er sprach über diese Songs, als hätten sie ihr eigenes Leben – für sich stehend und deutlich abzugrenzen von ihm selbst oder einem mühsamen Schöpfungsprozess. Er sagte: »Ich wurde einfach vom Wind getrieben, hierhin und dorthin.«

Andere große Musiker berichten von ähnlichen Erfahrungen. Es drängte mich sehr, herauszufinden, woher diese Songs kamen.

Schließlich wusste ich aus eigener Erfahrung, dass ich manchmal plötzlich in der Lage war, auf eine Art Gitarre zu spielen, die ich nie bewusst gelernt oder mir ausgedacht hatte.

Es schien sich dabei um eine andere Art des Wissens zu handeln, ausgelöst durch synchronistische Erfahrungen, wie ich sie oft erlebte. Diese Synchronizität ließ sich logisch nicht erklären. Sie deckte sich aber mit bestimmten Erfahrungsberichten, die ich damals las. All das veranlasste mich, meine Weltsicht infrage zu stellen. Ein Buch beeinflusste mein Denken ganz besonders: *Autobiographie eines Yogi* von Paramahansa Yogananda. Fast jeder, der sich auf eine New-Age-Reise begibt, besitzt dieses Buch. Du musst gar nicht aktiv danach suchen – *es kommt zu dir.*

Yogananda schreibt über viele wichtige metaphysische Konzepte, unter anderem über die Astralebene und parallele Realitäten. Als ich über die Ideen in seinem Buch nachdachte, kombiniert mit der Erfahrung, Songs zu »empfangen«, von der Bob Dylan und andere Musiker berichten, wurde mir klar, dass es in diesem Bereich viel für mich zu entdecken und zu lernen gab.

Alle diese Ideen entzogen sich rationalen Erklärungsversuchen, aber sie stießen etwas in mir an. Immer schon hatte ich das Gefühl gehabt, dass es in der Welt mehr gibt als das, was wir sehen und berühren können. Und nun war ich bereit, tiefer zu graben. Ich wollte mehr erfahren über kosmische Inspirationen, und damit begann ein lebenslanges Studium, ein Pfad, die Alltagsrealität mit diesen göttlichen, oder inspirierten, Energieebenen ins Gleichgewicht zu bringen.

Nachdem ich gewissermaßen in dieses Paradigma hineingestolpert war, fing ich an zu experimentieren und brachte auf neue Art

Songs hervor: Ich schrieb einige Songs, bei denen ich das Gefühl hatte, dass es sich vollständig um gechanneltes Material handelte. Sie kamen in sich abgeschlossen und fertig zu mir, begleitet von einem Gefühl des Friedens und spiritueller Verbundenheit. Und ihre Qualität ging weit über meine damaligen musikalischen Fähigkeiten hinaus.

Ich liebe Musik, die eine klassische Energie besitzt, und daher stelle ich mir, während ich einen Song schreibe, gerne vor, dass er im Radio gespielt wird. Ich glaube, dass es eine Ebene gibt, auf der alle Songs, die ich jemals schreiben werde, schon jetzt existieren – bereits fertig geschrieben. Ich muss mich nur noch an sie erinnern. In diesem Glauben bestärkt mich die Tatsache, dass meine besten Songs innerhalb weniger Minuten entstanden. Andere Songs, an denen ich jahrelang arbeite, besitzen nicht den gleichen Flow.

Der Remembering-Prozess entwickelte sich organisch als eine Methode, Songs zu schreiben, die sich auf Anhieb vertraut anfühlen, aber er hat auch einen universalen Aspekt. Man kann ihn nutzen, um alles Mögliche zu erschaffen: bildende Kunst, Musik, erfüllte zwischenmenschliche Beziehungen, eine erfolgreiche Karriere und vieles mehr. Es handelt sich um ein einfaches Konzept, mit dem sich bemerkenswerte Resultate erzielen lassen. Joe Vitale, mein Koautor, und ich werden den Prozess in diesem Buch in sechs Schritte gliedern:

1. Entspann dich.
2. Sei einverstanden mit dem gegenwärtigen Augenblick.
3. Spiele, vertraue und beobachte.
4. Verwende Erinnerungshilfen.

5. Wage den Sprung ins Quanten-Remembering – den Einheitszustand.
6. Sammle die Schnipsel.

Auch werden wir dir mehr über das »Wie« und »Warum« erzählen – warum die Methode funktioniert, in welchen Bezug sie zu populären Konzepten wie der Visualisierung und dem Gesetz der Anziehung steht und wie wir mit ihr die Zweifel und Ablenkungen ausschalten können, die unseren kreativen Durchbrüchen im Weg stehen. Wir berichten von den Erfahrungen, die unsere Klienten und Freunde mit dem Remembering-Prozess gemacht haben, und davon, welche Erfolge wir selbst mit dem »Remembering« erzielt haben. In jedem Kapitel findest du einen eigenen, namentlich gekennzeichneten Beitrag Joes, in dem er seine Erkenntnisse zu dem jeweiligen Thema präsentiert. Die Idee ist, dass du mit der Kraft deines Geistes deine Zukunft transformieren und deine Wünsche manifestieren kannst. Wenn du bereit bist, dieser Idee wenigstens ein Körnchen Wahrheit beizumessen, dann ist das bereits eine ausreichende Grundlage, um den Remembering-Prozess erfolgreich einzusetzen.

⦿ ⦿ ⦿

Joe und ich nutzten die Methode, um in Rekordzeit sein erstes Album zu produzieren. (Inzwischen hat er in nur zwei Jahren fünf Alben herausgebracht, was absolut außergewöhnlich ist.) Und ich habe die Methode auch dazu genutzt, dieses Buch zu schreiben. Zu Anfang schrieb ich Briefe, die ich Remembering-Briefe, also »Briefe der Erinnerung«, nannte. Statt mich hinzusetzen und zu versuchen, ein Buch zu schreiben, setzte ich mich hin und versuchte, mich an das Buch *zu erinnern*. Ich beschrieb in den Briefen nicht nur den Inhalt der einzelnen Kapitel, sondern auch die äußeren Begleitumstände: wie ich mich beim Schreiben des Buches jeweils fühlte, welche Gerüche ich während des Schreibens wahrnahm und was ich dabei hörte und was die Rezensenten später über das Buch sagten.

Auf den folgenden Seiten wirst du lernen, warum es hilfreich ist, diese Dinge aufzuschreiben. Ich habe im Buch immer wieder Beispiele eingestreut, die zeigen, wie das geht. Du kannst die Remembering-Briefe leicht daran erkennen, dass sie kursiv gedruckt sind und mit *»Ich erinnere mich«* beginnen.

Als ich mit dem Schreiben des Buches begann, spürte ich Druck und Anspannung, wenn ich zu schreiben »versuchte«, und ich spürte ein Gefühl der Gnade, wenn ich mich an das Schreiben »erinnerte«. Ich hielt inne, atmete tief durch und praktizierte den Prozess:

> *Ich erinnere mich genau an diesen besonderen Augenblick: Ich saß in meinem Tonstudio mit einer Smartwater-Flasche, gefüllt mit Leitungswasser. Zu meiner Linken lag das Buch* Time: A Traveller's Guide. *Auf dem Boden lagen die Notenblätter von Ray Charles' Version des Songs »Hey, Good Lookin«. Ich erinnere mich an diesen Moment als eine wichtige Station auf meinem Weg zur freudigen und zuversichtlichen Fertigstellung dieses Buches. Jawohl. Ich erinnere mich, dass ich leichten Hunger verspürte, weil ich gleich nach dem Aufstehen mit dem Schreiben begonnen hatte. Ich erinnere mich, dass ich es kaum*

> *erwarten konnte, endlich anzufangen, aber etwas unsicher war, welche Gestalt das Buch annehmen würde. Ich erinnere mich, dass dieser Augenblick einfach Teil der Geschichte des geplanten Buches sein* musste.

Die Energie des Erinnerns löste ein wohliges, nostalgisches Gefühl aus, sodass mein Atem freier und leichter wurde. Ich konnte mehr Offenheit zulassen und versuchte nicht mehr, die Worte zu sehr zu kontrollieren. Ich ließ meine Erinnerung einfach in die Zukunft wandern. Ich fragte mich, was ich als Nächstes getan hatte, um mein Schreiben in Schwung zu bringen. Ich fragte mich, was ich getan hatte, um mich in die richtige Stimmung zu bringen.

> *Ich erinnere mich, dass ich mir auf YouTube einen lustigen Film anschaute, um noch mehr gute Energie zu erzeugen.*

Diese »Erinnerung« regt mich ganz konkret dazu an, in einem leichten, offenen Energiezustand zu bleiben. Dem »Remembering« wohnt eine Weisheit inne, die dem »Versuchen« fehlt. Und das tat ich als Nächstes: Ich versuchte nicht krampfhaft, Worte hervorzubringen. Genau wie in meiner »Erinnerung« schaute ich mir ein lustiges YouTube-Video an, um mich in eine unbeschwerte Stimmung zu versetzen und mit mehr Leichtigkeit und Freude arbeiten zu können. Nicht alle Ideen, an die wir uns »erinnern«, müssen tiefsinnig oder hochtrabend sein. Es genügt, wenn sie uns in der momentanen Situation weiterhelfen.

Sich an etwas zu erinnern, als wäre es bereits geschehen, ist der Technik vergleichbar, die Schachspieler anwenden, wenn sie einen

Sieg vor ihrem geistigen Auge sehen und dann sozusagen rückwärts darauf hinarbeiten.

Ein weiterer großer Vorteil des Remembering-Prozesses besteht darin, dass wir uns nicht dem Druck aussetzen, alles richtig machen zu müssen. Stattdessen öffnen wir uns für die nebelhafte Natur unserer Erinnerungen. Das Ganze kann ruhig etwas unscharf sein oder ein Stück weit »danebenliegen«. Wenn du versuchst, dich an ein schönes Familienfest aus deiner Kindheit zu erinnern, kann es geschehen, dass du ein paar Details durcheinanderbringst: Vielleicht fügst du ein paar Verwandte hinzu, die an diesem besonderen Tag gar nicht dabei waren, oder du weißt nicht mehr genau, wer was sagte – aber das Gefühl insgesamt ist stimmig. Es ist immer noch deine Erinnerung, auch wenn sie unvollkommen sein mag. Es ist absolut nicht notwendig, dass du dich exakt an jedes Detail erinnerst. Wer könnte das schon? Unser Gehirn ist nicht dafür geschaffen, jedes Detail eines Erlebnisses so exakt zu speichern wie eine Computerfestplatte. Dafür ist in unserem Kopf einfach nicht genug Platz – es gäbe keinen Raum mehr, neue Erinnerungen zu erschaffen, wenn wir allzu sehr versuchten, die Details der alten festzuhalten.

Das ist sehr befreiend. Wenn du den Remembering-Prozess praktizierst, kannst du dir also ruhig etwas Fehlinterpretation, kreativen Spielraum und Vergesslichkeit durchgehen lassen. Wenn ich versuche, einen perfekten Text zu schreiben, verkrampfe ich mich und bekomme Angst, etwas falsch zu machen. Wenn ich aber versuche, mich an eine wunderbare Version des Textes zu erinnern, die bereits draußen in Zeit und Raum existiert, gelange ich in den kreativen Flow.

So verwandelt der Remembering-Prozess Arbeit in Spiel, Versuchen in Tun und er holt die Zukunft ins Jetzt.

Albert Einstein sagte: »Vorstellungskraft ist die Vorschau auf die kommenden Attraktionen des Lebens.« Genau darum geht es bei dieser Methode: Wir nutzen die Kraft unserer Fantasie, um positive Resultate hervorzubringen. Finden wir also gemeinsam heraus, wie das geht!

1. KAPITEL

WORUM ES EIGENTLICH GEHT

»Ich komponiere wie ein Gott, als wenn es so sein müsste.«

Franz Schubert

Bei dem Remembering-Prozess geht es darum, kreativ zu sein, Zugang zur eigenen Kreativität zu finden und innere Widerstände zu beseitigen. Jeder, der auf professioneller Ebene kreativ ist – sei es beispielsweise als Musiker, Schriftsteller oder Softwareentwickler –, wird dir sagen, dass dabei die größte Schwierigkeit darin besteht, sich selbst nicht im Weg zu stehen und damit aufzuhören, sich krampfhaft zu bemühen.

Lord Byron schrieb: »Die Kraft des Denkens – die Magie des Geistes!«

Ich bezweifle, dass Byron den Remembering-Prozess kannte, aber ganz sicher verstand er etwas von Kreativität.

Als ich anfing, meine ersten Songtexte zu schreiben, erinnerte ich mich, dass Liedtexte Gedichte sind. Dieser Gedanke gab mir die Freiheit, zu dichten, statt Liedzeilen zu schreiben. Dann fragte ich mich, was denn eigentlich das Thema meiner Musik sein sollte. Ich wusste es nicht.

Also tat ich so, als wäre ich Lord Byron. Ich gestattete es meinem Geist, sich, als befände er sich in einer zukünftigen Welt, daran zu erinnern, dass ich meinen Songtext bereits geschrieben hatte. Ich musste mich also nur auf ihn einstimmen, so wie man im Radio einen Sender einstellt.

Ich öffnete mich für die magische Seite meines Geistes und plötzlich schrieb ich die Zeile »Zwei Gesichter schauen mich an.« Sie bildete den Anfang eines Songs, den ich heute »The Choice« nenne, die Wahl. Ich machte mir keine Gedanken darüber, was der Song bedeutete. Ich ließ es einfach geschehen, dass der Byron in mir sich an den Song erinnerte.

Inzwischen habe ich den Song eingespielt. Du kannst ihn dir auf meinem Album *Strut!* anhören und selbst entscheiden, was er bedeutet.

– Joe

Der Remembering-Prozess entstand aus einer Methode, die ich benutze, wenn ich Musik komponiere. Ich »erinnere« mich an die Songs. Ich höre, wie sie aus den Lautsprechern ertönen. Ich sehe, wie sie live vor Publikum gespielt werden. Bevor die Stücke in Raum und Zeit existieren, erinnere ich mich an ihre Bestandteile.

Es gibt aber noch eine andere Form der Kreativität, nämlich die kreative Erschaffung des eigenen Lebens – du musst also kein Künstler sein, um diesen Prozess einzusetzen und davon zu profitieren. Möchtest du ein Kunstwerk erschaffen? Möchtest du bessere Gesundheit oder eine liebevollere Partnerschaft erschaffen? Möchtest du dir eine eigene Firma erschaffen? Ob du dein persönliches Leben verändern oder ein materielles Produkt hervorbringen willst, der Remembering-Prozess kann dir dabei eine große Hilfe sein.

Ich erinnere mich, dass der Prozess mir wirklich geholfen hat, mich an einige Schlüssel zu erinnern, die mir die Tür zu meinen Träumen öffnen.

Ich erinnere mich, dass die Remembering-Briefe bei mir eine überaus kreative, produktive Phase einleiteten. Ich erinnere mich, dass ich Zigarren rauchte statt Zigaretten, auch wenn ich mich nach Letzteren sehnte – ein geringeres Übel.

Ich erinnere mich, dass ich viele gesunde Entscheidungen traf – und wenn nicht gesund, dann wenigstens gesünder. Ich erinnere mich, dass Weihrauch, Duftkerzen und Palo-Santo-Holz den Prozess unterstützten.

Der Remembering-Prozess steht im Einklang mit dem Gesetz der Anziehung, wie es 1906 als metaphysisches Prinzip von William W. Atkinson formuliert wurde, einem Schriftsteller der Neugeist-Bewegung. Im Lauf der Jahre haben viele Philosophen die Kraft des positiven Denkens beschrieben, unter ihnen Napoleon Hill, aber im

Jahr 2006 wurde das Thema zum Hit in den Mainstream-Medien, als *The Secret – Das Geheimnis* erschien – zunächst als Film, dann als Buch. Im Wesentlichen heißt es darin, dass wir manifestieren, was wir denken. Was du in dein Leben ziehst, hängt davon ab, was du denkst und worauf du dich konzentrierst. Wenn du also denkst: »Ich kann mir dieses Auto nicht leisten«, dann wirst du es dir tatsächlich nicht leisten können. Wenn du dir aber vorstellst, dieses Auto zu fahren, und dir Zeit nimmst, dir auszumalen, wie es ist, deinen Traumwagen zu besitzen, wird das Universum sich selbst so umstrukturieren, dass er tatsächlich dein wird. Das Universum ist immer bestrebt, deine Realität deiner Wahrnehmung anzupassen. Das funktioniert nicht nur mit materiellen Objekten, sondern auch mit Wünschen wie etwa Gesundheit, Glück, Wohlstand, einer neuen Beziehung, sportlichen Wettkampferfolgen und so weiter.

Durch den Remembering-Prozess lernen wir, so zu denken, als hätten wir das, was wir uns wünschen, bereits erreicht und würden aus einer Zeit darüber berichten, die noch weiter in der Zukunft liegt.

Wenn du das tust, schaffst du damit einen gesunden Abstand – eine gewisse Losgelöstheit – gegenüber dem Ziel, das du erreichen willst. Wenn sich etwas so anfühlt, als wäre es bereits geschehen, wenn es vom Hauch der Erinnerung umweht ist, fällt es dem Ego viel schwerer, sich einzumischen und die Manifestation zu behindern. Wenn du etwas »willst«, kann dein Verstand sich hundert Wege ausdenken, deinen Plan zu torpedieren – *ich bin nicht gut genug, ich bin noch nicht so weit, ich verdiene es nicht, ich kann nicht, ich sollte nicht, es gibt Wichtigeres, ich bin zu müde, ich werde nie die Zeit dafür finden, ich bin eben ein Pechvogel* –, aber wenn du dich erinnerst, als wäre es bereits geschehen, lässt es sich nicht aufhalten! Du sagst damit deinem Ego, dass das Skript längst geschrieben ist und der Verwirklichung nichts im Weg steht. Also kann es deinen Plan ebenso gut akzeptieren und in die Tat umsetzen. *Es hat bereits eine erfolgreiche Ausstellung meiner Fotografien stattgefunden* sagt deinem Ego, dass sich die Frage gar nicht mehr stellt, ob du gut genug für einen solchen Erfolg bist. Diese »Erinnerung« erinnert dich daran, dir Zeit für das zu nehmen, woran dein Herz hängt, weil etwas Großes geschehen wird, auf das du dich vorbereiten musst.

Du spielst deinem Verstand oder deinem Ego einen Streich, um dir die Erfüllung deiner Herzenswünsche zu erleichtern.

Die Judomeisterin Kayla Harrison benutzte diese Methode bei ihrem Training für die Olympiade 2012. Statt siegen zu »wollen«, erinnerte sie sich an ihren Sieg. Jeden Morgen und jeden Abend erinnerte sie sich an die Zukunft – an den großen Tag in London, wie sie aufstand, zum Wiegen ging, frühstückte, sich aufwärmte, auf ihre Kämpfe wartete und jeden Kampf gewann und wie sie dann schließlich aufs Podium stieg und ihre Goldmedaille in Empfang nahm.

Als der Morgen dann wirklich kam, war Kayla, wie sie sagt, überraschend ruhig. Die anderen Athletinnen um sie herum schienen von nervöser Energie erfüllt, aber sie war überhaupt nicht nervös: Sie hatte ihr Gehirn erfolgreich »ausgetrickst« und ihm aufgeprägt, dass der Medaillengewinn längst Wirklichkeit war. Die jetzt noch notwendigen Schritte, um zu empfangen, was ihr rechtmäßig bereits gehörte, waren reine Routine.

Und so kam es dann auch. Sie gewann die erste Judo-Goldmedaille für die USA überhaupt. Als sie auf dem Podium stand und die amerikanische Nationalhymne gespielt wurde, brach sie in Tränen aus. »Alles entfaltete sich genau so, wie ich es als Erinnerung imaginiert hatte«, sagt sie.

Ich bin ein Fan des spirituellen Lehrers Neville Goddard. Ich habe schon oft über ihn geschrieben, vor allem in meinem Buch *The Attractor Factor*. Ich habe sogar sein erstes Buch *At Your Command* neu veröffentlicht. Er empfahl den Leuten, sich vorzustellen, dass sie das, was sie sich wünschen, *bereits besitzen*. Wenn du dir einen bestimmten Job wünschst, stell dir vor, dass du bereits in ihm arbeitest. Wenn du dir eine bestimmte Beziehung wünschst, stell dir vor, dass du bereits mit diesem Menschen zusammen bist. Je mehr du in der Lage bist, dir das Endresultat deines Wunsches vorzustellen, desto mehr »nevillisierst« du dein Ziel. In *At Your Command* schrieb Neville:

Wenn du mit dem unzufrieden bist, was du gegenwärtig in deinem Leben manifestierst, kannst du es nur verändern, indem du deine Aufmerksamkeit von dem abwendest, was für dich real zu sein scheint, und dich auf das konzentrierst, was du gerne sein möchtest. Du kannst nicht zwei Herren dienen. Wenn du also deine Aufmerksamkeit von einem Seinszustand ab- und einem anderen zuwendest, stirbt das Bisherige in dir und das Neue wird lebendig.

Der Remembering-Prozess geht über das hinaus, was Neville lehrte. Remembering bedeutet, dass du über die

Erfüllung deines Wunsches hinaus weiter in die Zukunft gehst und den erfüllten Wunsch von dort aus betrachtest. Das geht natürlich nur, wenn er sich manifestiert hat. So erzeugst du in dir das Wissen, *dass es bereits geschehen sein muss.*

Denn wie könntest du dich sonst daran erinnern?

Ich schätze Neville und seine Methode auch weiterhin sehr. Sie ist wirkungsvoller als die meisten Imaginationstechniken, da sie den Gefühlsaspekt der Freude und Zuversicht ins Spiel bringt, indem sie den Glauben weckt, dass das Gewünschte bereits jetzt Wirklichkeit ist. 1968 sprach Neville übrigens dann auch über eine Form des Erinnerns. Er benutzte es als Imaginationsmethode, aber die Idee war die gleiche: Erinnere dich einfach an das, was du gerne erleben möchtest.

In gewisser Weise bekräftigst du deine neue Realität, indem du annimmst, dass dein Wunsch sich schon verwirklicht hat. In einem der persönlich von ihm signierten Bücher, die ich besitze, schrieb Neville: »Annahmen verfestigen sich zu Tatsachen.« Nimm an, dass das, was du besitzen oder sein möchtest, bereits dein ist, dann erschaffst du mit dieser Annahme eine neue Realität.

Neville sagte außerdem: »Am besten erreichst du das, indem du dich darauf konzentrierst, dich mit deinem Ideal zu identifizieren. Nimm an, dass du bereits bist, was du anstrebst. Wenn du diese Annahme konsequent aufrechterhältst, wird sie sich, auch wenn sie zunächst falsch ist, zur Tatsache verfestigen.«

Das Remembering baut auf dem Nevillisieren auf.

Du wendest nicht nur Nevilles Methode an, sondern erinnerst dich zusätzlich daran, was die ganze Sache noch wirkungsvoller macht.

– Joe

Der Remembering-Prozess ist eine Methode, um Dinge zuzulassen.

Was mich an dieser Methode so begeistert, ist ihre magische oder metaphysische Seite. Stell sie dir als Hilfsmittel, als Werkzeug vor – als Brücke über die Zeit und in andere Dimensionen – als Weg, etwas ins Dasein zu rufen, was vorher nicht da war. Remembering baut auf die Erkenntnis, dass diese Ideen bereits jetzt in der Ganzheit existieren, irgendwo im Kontinuum von Raum und Zeit.

Wenn du die Technik gut beherrschst und geistige und physische Klarheit erlangt hast, werden die Musen und die metaphysischen Winde dein Segelschiff kraftvoll antreiben. Es gibt viele Wege, den kreativen Prozess zu unterstützen – Remembering ist nur einer davon. Das Leben zu leben, das du dir erträumst, ist deine Chance, den Himmel auf Erden zu erschaffen. Nimm's leicht, aber nimm deine Träume und Wünsche ernst und verwirkliche sie. Das muss gar nicht so schwierig sein. Nutze einfach deine Fantasie, indem du dir eine Erinnerung erschaffst, und bringe so Lebensfreude und Liebe hervor.

Die Zeit verstehen: Newton und Einstein

Richard Branson, einer der reichsten Männer der Welt, hat fast 400 Firmen gegründet. Sein Motto lautet: »Alles ist möglich.« Das ist wahr, aber zunächst einmal musst du in der Lage sein, es dir vorzustellen – und der Remembering-Prozess hilft dir dabei, genau das zu tun. Dabei greifst du auf Fähigkeiten zurück, die du schon beherrschst.

Für den Einstieg musst du zwei Zeitmodelle verstehen lernen – wenigstens in ihren Grundzügen: das newtonsche Modell und das einsteinsche Modell.

Sir Isaac Newton schrieb:

> *Die absolute, wahre und mathematische Zeit fließt gemäß ihrer eigenen Natur und ohne äußeren Bezug immer gleich. Sie wird auch Dauer genannt. Relative, scheinbare und alltägliche Zeit ist das äußere (präzise oder unpräzise) Messen der Dauer mithilfe von Bewegung. Diese Maßeinheiten – zum Beispiel Stunde, Tag, Monat, Jahr – werden allgemein anstelle der wahren Zeit gebraucht.*

Mit anderen Worten, für alle Beobachter fließt die Zeit gleich und kann gemessen werden.

Das nennt man absolute Zeit oder »realistische Zeit«. Sie ist völlig losgelöst von der Idee des Raumes. Es ist, als gäbe es irgendwo im Hintergrund des Universums eine gigantische Uhr, die unaufhörlich tickt, ganz gleich, was wir als einzelne Menschen denken oder tun oder auf welchem Planeten wir leben.

Albert Einstein hingegen war der Ansicht, dass man die Zeit auch auf andere Art betrachten kann. Er glaubte, dass Zeit und Raum miteinander verbunden sind (er nannte das »Raumzeit«) und dass Objekte wie Planeten oder Sterne das Gewebe der Raumzeit verzerren. Je größer das Objekt ist, desto mehr kann es die Raumzeit verzerren – also verursacht beispielsweise der Planet Erde eine große Delle im Raumzeit-Kontinuum wie eine große Bowlingkugel mitten auf einem Trampolin. Er nannte diese Theorie die Allgemeine Relativitätstheorie, und ihre Richtigkeit wurde 2007 von der NASA wissenschaftlich bewiesen.

Einstein entwickelte zusätzlich die Spezielle Relativitätstheorie, um darzustellen, dass die Lichtgeschwindigkeit für alle Beobachter konstant ist und sich nichts schneller bewegen kann als das Licht.

Tatsächlich verläuft die Zeit demnach unterschiedlich schnell, je nachdem, wo du dich befindest und was du tust. Dies wird meistens mit dem »Zwillingsparadoxon« veranschaulicht. Wenn ein Zwilling mit einem Raumschiff ins All fliegt und dabei annähernd auf Lichtgeschwindigkeit beschleunigt, wird er bei seiner Rückkehr zur Erde feststellen, dass sein dort zurückgebliebener Zwilling wesentlich rascher gealtert ist als er selbst. Die Zeit hat sich auf die beiden unterschiedlich ausgewirkt. Je mehr du dich der Lichtgeschwindigkeit annäherst, desto langsamer verstreicht die Zeit. Du selbst wärst dir dessen nicht bewusst – denn alles in deiner Umgebung würde sich ebenfalls verlangsamen einschließlich deiner eigenen Gedanken.

Was hat das nun mit dem Remembering-Prozess zu tun?

Es bedeutet, dass wir mit der Zeit spielen können. Wir brauchen nicht zu akzeptieren, dass die Zeit für uns genauso vergeht wie für alle anderen, und auch nicht, dass die Zeit eine feste Größe ist, die sich unabänderlich vorwärts bewegt. Wir können uns für die Erkenntnis öffnen, dass die Zeit relativ zum Beobachter existiert – und dass Vergangenheit, Gegenwart und Zukunft möglicherweise gar nicht so festgelegt und voneinander abgegrenzt sind. Man könnte den Remembering-Prozess also auch als »einsteinsches Erinnern« bezeichnen.

Wenn du dich darauf einlässt, kann es deine ganze Weltsicht verändern. So erging es jedenfalls Gay Hendricks, einem bekannten Psychologen und Autor von Büchern über die Verbindung zwischen Körper und Geist (er schrieb das Vorwort zu unserem Buch):

> *Damals beruhte meine Vorstellung von der Zeit auf dem altmodischen newtonschen Paradigma. Doch dann wurde mir blitzartig klar, dass Einsteins Paradigma viel besser erklärt, wie die Zeit funktioniert. Mein Bewusstsein wandelte sich, als würden alle meine Zellen sich an diese neue Erkenntnis anpassen. Dieser Augenblick veränderte mein ganzes Leben. Seitdem brauche ich für alles, was ich tue, nur noch halb so lang, und ich habe dabei eine Menge Spaß.*
>
> *Nun bin ich schon seit zwanzig Jahren nicht mehr in Eile, obwohl in meinem Leben heute, verglichen mit damals, als ich meine große Erkenntnis hatte, viel mehr passiert.*

Einsteinsches Erinnern

Michelangelo hatte das Gefühl, seinen *David* aus dem Stein »befreit« zu haben. Der große Künstler sagte dazu: »In jedem Steinblock wohnt eine Statue. Aufgabe des Bildhauers ist es, sie zu entdecken.« Er sagte auch: »Ich sah den Engel im Marmor und meißelte, bis ich ihn befreit hatte.«

Irgendwo im Raumzeit-Kontinuum war die Skulptur bereits vollständig und vollendet. Michelangelo erinnerte sich an die Form und verhalf ihr zu neuem Leben.

Ich hatte die Ehre und das Vergnügen, kreativ mit Joe, meinem Koautor, zusammenzuarbeiten, der ein tiefes Verständnis des Remembering-Prozesses entwickelt hat und ihn täglich praktiziert. Ich habe erlebt, wie Joe auf diese Weise beeindruckende Resultate als Schriftsteller, Musiker, Redner, Freund und allgemein überaus schöpferischer Mensch erzielt. Ähnlich wie Michelangelo es beschrieb, beginnt auch Joe mit der Energie, dem Gefühl, den inneren Eingebungen und zieht dann die richtigen Elemente in sein Leben. Er vertraut darauf, was seine Seele und sein Unterbewusstsein ihm durch das feine Gewebe seiner intuitiven Gedanken übermitteln.

Das ist wahre einsteinsche Erinnerung!

So wie Einstein entdeckte, dass eine winzige Masse gewaltige Mengen Energie mobilisieren kann, haben wir herausgefunden, dass kleine Glaubens-, Erkenntnis- und Gefühls-»Partikel« geradezu explodieren und zu Gebäuden, CDs, Büchern, Beziehungen und ganzen Lebenswegen werden können. Ich kenne nur wenige Menschen, die sich dessen bewusst sind. Die meisten warten auf große, offensichtliche Zeichen und Hinweise, ehe sie bereit sind, ihre Träume zu verwirklichen. Doch diese kleinen Gedankenpartikel können aufgehen wie eine Saat und alle deine Herzenswünsche Wirklichkeit werden lassen.

Das Leben, das du gerne leben würdest, existiert irgendwo im Raumzeit-Kontinuum *bereits jetzt*. Du hast das Gefühl, auf diese Weise leben zu können, weil du auf einer anderen Wirklichkeitsebene dieses Leben schon lebst! Der Remembering-Prozess ermöglicht es dir, dich sanft und mühelos an jene idealen Charaktereigenschaften und Handlungen zu erinnern und sie so in deine gegenwärtige Wirklichkeitswahrnehmung zu integrieren.

Nachdem ich begonnen hatte, den Remembering-Prozess zu praktizieren, wollte ich wissen, ob es für das, was ich da lernte, wissenschaftliche Beweise gibt.

Da überrascht es sicher nicht, dass Lucile und Jean-Pierre Garnier Malets Buch *Verändern Sie Ihre Zukunft durch Zeitöffnungen* mich magisch anzog. Dieses Buch hat meinen Horizont erweitert. Es geht darin um »Zeitöffnungen«, die Vergangenheit, Gegenwart und Zukunft miteinander verbinden. Kurz gesagt, man kann Informationen aus anderen Zeiten empfangen und sich von ihnen in der Gegenwart leiten lassen.

Die Autoren schreiben über »Doppelgänger« in anderen Zeiten, was bedeutet, dass wir nicht nur ein »gegenwärtiges Selbst«, sondern auch ein »zukünftiges Selbst« besitzen. Dieses zukünftige Selbst – unser Doppelgänger – kann uns Informationen aus der Zukunft schicken. Und genau darum geht es ja beim Remembering-Prozess.

Ich glaube, man muss kein Physiker sein und auch nicht erst dieses Buch lesen, um zu erkennen, dass Vergangenheit, Gegenwart und Zukunft gleichzeitig existieren. Diese Erkenntnis kann es dir erleichtern, dich auf den Remembering-Prozess einzulassen – und wenn ja, ist das wunderbar. Aber im Grunde musst du nicht mehr wissen, als du jetzt schon weißt, um den Prozess mit Freude und Gewinn anzuwenden.

Wie wäre es also, wenn du dich jetzt gleich an etwas erinnerst, das du dir wünschst?

– Joe

Einstein sagte: »Die Unterscheidung zwischen Vergangenheit, Gegenwart und Zukunft ist nur eine Illusion, allerdings eine besonders hartnäckige.«

Statt weiterhin Vergangenheit, Gegenwart und Zukunft strikt zu trennen, führte Einstein das Konzept der Relativität ein. Ich möchte dieses Konzept durch ein persönliches Erlebnis veranschaulichen. Eines Tages beschloss meine Hündin Toledo, durch ein Loch in meinem Zaun zu schlüpfen und die Grundstücke der Nachbarn zu erkunden. Sie war höchstens zehn Minuten verschwunden, aber mir kam es wie *Stunden* vor.

Das ist Relativität – abhängig von unserer Wahrnehmung dehnt sich die Zeit aus oder verkürzt sich. Mein kleines Beispiel zeigt, wie relativ Zeit ist.

Unsere Freundin Mathes Jones (www.mathesjones.com) beschloss während einer persönlich und beruflich schwierigen Lebensphase, ihre Vorstellung von der Zeit tief greifend zu verändern. Sie erklärt das so:

Man braucht keine Zeit ... man braucht Bewusstsein.

In jenem Jahr beschloss ich, mit der Zeit zu spielen und Beweise dafür zu finden, dass sie eine Illusion ist und nicht wirklich der entscheidende Faktor.

Unmittelbar vor dieser Entscheidung hatte ich Bücher von Ernest Holmes, Joseph Murphy und anderen Autoren des Neuen Denkens gelesen, denn, ehrlich gesagt, befand ich mich damals in einer ziemlichen Sackgasse.

Ich war frustriert – nicht nur mein Leben frustrierte mich, sondern auch die Behauptung dieser Autoren, dass ich bloß mein Denken verändern müsste. Es klang wunderbar, und intuitiv wusste ich, dass sie recht hatten. Aber ich hatte keine Ahnung, wie ich das bewerkstelligen sollte.

Damals arbeitete ich als Handelsvertreterin und fuhr jeden Tag in Südkalifornien herum. Ich musste täglich mehrere Hundert Kilometer zurücklegen, und wenn Sie die Verkehrsverhältnisse dort kennen ... nun, dann können Sie sich denken, wie entnervt ich war. Manchmal brauchte ich nur für die Fahrt von meinem Büro in Beverly Hills nach Hause volle drei Stunden. So sah mein Berufsleben aus – und ich war alleinerziehende Mutter mit drei Kindern!

Diese andere Art zu denken *musste* einfach funktionieren, denn so wie bisher konnte es nicht weitergehen. Ich tat das für mich Offensichtlichste: Ich zog meine Armbanduhr aus.

Auf eine Karteikarte schrieb ich: *Ich bin immer zur rechten Zeit am rechten Ort.* (Natürlich bedeutete das auch: *Ich komme nie zu spät.*)

Während des folgenden Jahres war ich kreuz und quer in Südkalifornien unterwegs, fuhr von Termin zu Termin und das, ohne auf die Uhr schauen zu können – von Los Angeles nach San Diego, hinauf ins Valley, hinunter ins Orange County – oft alles an einem Tag.

An manchen Tagen stockte der Verkehr, und ich geriet in Panik – doch dann erinnerte ich mich jedes Mal daran: *Ich bin immer zur rechten Zeit am rechten Ort. Ich komme nie zu spät.* Diese Worte beruhigten mich sofort, sodass ich mich entspannen konnte. Der Stau löste sich dann schnell auf, und der Verkehr floss wieder.

Ich kam nicht immer pünktlich, aber immer *zur rechten Zeit* am Zielort an. Es ereigneten sich interessante »Fügungen«: Ich kam »zu spät« zu einem Termin, aber dann entschuldigte sich die Sekretärin dafür, dass die Person, mit der ich verabredet war, noch in einer Besprechung saß oder zum Beispiel erst in fünf Minuten vom Lunch zurückkommen würde. »Macht es Ihnen etwas aus, noch einen Moment zu warten?«, fragte sie.

Ich lächelte und sagte: »Nein, nicht im Geringsten.« Und innerlich sagte ich mir: *Siehst du, du kommst nie zu spät!* Und der Kunde, mit dem ich verabredet war, entschuldigte sich ebenfalls bei mir. (Das Universum hat wirklich viel Sinn für Humor ... wir müssen nur bereit sein, uns darauf einzulassen und mit ihm zu spielen!)

Natürlich gab es auch immer wieder haarsträubende Augenblicke, in denen ich in mein altes Muster zurückfiel und mich selbst verrückt machte. Damit unterbrach ich den Flow. Wie das weiße Kaninchen in *Alice im Wunderland* sang ich meine persönliche Version von »O seht! O seht! Ich komme viel zu spät!«.

Doch dann gelang es mir, dieses Lied durch ein anderes zu ersetzen, durch eine neue Art, mit diesem Phänomen umzugehen, das wir Zeit nennen. Und statt die Zeit zu benutzen, um mich selbst zu bestrafen und Stress zu erzeugen, sorgte ich dafür, dass sie harmonisch zu meinen Gunsten arbeitete. Oder, wie Gay Hendricks es in *Lebe dein Leben, bevor es andere für dich tun* empfiehlt, ich entdeckte, dass ich dort bin, *wo die Zeit herkommt.*

Zitiert mit freundlicher Genehmigung von Mathes Jones.

In seinem Buch *Lebe dein Leben, bevor es andere für dich tun* schreibt Gay Hendricks ausführlich über Einsteins Konzept der Relativität und darüber, wie es sich auf unsere Zeitwahrnehmung auswirkt. Wenn wir in der Einstein-Zeit agieren, erklärt er, erleben wir die Zeit anders. Wir können sogar die Fähigkeit entwickeln, mehr Zeit zu erzeugen, indem wir die Art und Weise verändern, wie wir den Raum ausfüllen. Einstein benutzte ein einfaches Beispiel, um die Relativität der Zeit zu demonstrieren: Eine Stunde mit dem geliebten Partner fühlt sich wie eine Minute an, während eine Minute auf einem heißen Ofen sich wie eine Stunde anfühlt. Das hat eine machtvolle Wirkung darauf, wie wir leben.

In *Lebe dein Leben, bevor es andere für dich tun* schreibt Gary:

> *Wenn du gezwungen bist, auf einem heißen Ofen zu sitzen, hast du nur einen Wunsch: den Raum, wo du dich gerade befindest, nicht mehr auszufüllen. Du ziehst dein Bewusstsein ganz in dein Zentrum zurück, weg von dem schmerzhaften Kontakt mit dem Ofen. Wenn du deine Bewusstheit nicht in den Raum hinein ausdehnst, sondern sie kontrahierst, gerinnt die Zeit. Sie scheint sich zu verlangsamen und zu einer soliden Masse zu verfestigen. Je mehr du vor dem Schmerz zurückweichst, desto langsamer wird die Zeit.*
>
> *Wenn du deinen Partner oder deine Partnerin umarmst, fließt deine Bewusstheit dagegen hinaus in den Raum. Jede deiner Zellen sehnt sich nach der Nähe der geliebten Person. Deine Bewusstheit fließt hinaus in deine Peripherie. Du möchtest in der heiß ersehnten Gegenwart des geliebten Menschen jedes mögliche Quäntchen Raum ausfüllen. Wenn du verliebt bist,*

entspannst du dich in den dich umgebenden Raum und deinen inneren Raum hinein, und je mehr du dein Bewusstsein in den Raum ausdehnst, desto mehr verschwindet die Zeit.

Deshalb schauen wir nicht auf die Uhr, wenn uns etwas Spaß und Freude macht. Die Zeit ist uns dann egal. Andererseits, wenn wir uns schlecht fühlen und im Wartezimmer des Arztes sitzen, starren wir auf die Uhr – dann scheint sich selbst der Sekundenzeiger im Schneckentempo zu bewegen! Wir fühlen uns zur falschen Zeit am falschen Ort. Wir möchten uns wieder gut fühlen, uns wieder in den Raum ausdehnen, wo wir mit dem geliebten Menschen zusammen sind und nichts anderes zählt. Gay schreibt: »Wenn du bereit bist, den gesamten Raum einzunehmen, verschwindet die Zeit einfach. Du bist dann überall zugleich. Es gibt keinen Raum mehr, wo du hingelangen müsstest, und überall, wo du bist, herrscht genau die richtige Zeit.«

Wenn wir das »einsteinsche Erinnern« für unsere schöpferische Entfaltung nutzen, dehnen wir unser Sein energetisch in den Raum hinein aus. Wir begeben uns in unserem Geist an jenen Ort, wo die Musik (buchstäblich und im übertragenen Sinn) herkommt – manche Leute nennen das »Kommunikation mit Gott« oder »Verbindung mit dem Göttlichen aufnehmen«. Es ist ein Ort der Liebe und Inspiration, und von dort können wir viel leichter in das Einheitsfeld des Bewusstseins gelangen.

»In das *was?*«, fragst du dich jetzt vermutlich.

Das Einheitsfeld ist ein Zustand, in dem du dich mit dem gesamten Universum verbunden fühlst. Du fühlst dich nicht länger getrennt von anderen Menschen, sondern erkennst, dass alle Menschen Teil eines großen Ganzen sind und ein globales Bewusstsein miteinander teilen können. Du fühlst dich verbunden mit der Erde, mit der Luft, die du atmest, den Tieren, Pflanzen und »Dingen« und ebenso mit dem Immateriellen, mit der Spiritualität und der Zeit. Du erlebst Zeit nicht länger als einen linearen, endlos vorwärts ratternden Prozess, sondern weißt, dass es in Vergangenheit und Zukunft Teile deiner selbst gab und geben wird, überall auf der Welt. Du sorgst dich nicht mehr, zu wenig Zeit zu haben, weil du weißt, dass die Zeit formbar ist. Daher machst du dich frei von der Stoppuhr-Mentalität, von der die meisten Menschen sich antreiben lassen. Du vertraust darauf, dass du dich bereits zur rechten Zeit am rechten Ort befindest und kontinuierlich in das Leben hineinwächst, das dir bestimmt ist.

Wir gelangen in dieses Einheitsfeld, indem wir das Paradox in unserem Geist und Herz auflösen. Unsere Wünsche, selbst wenn sie aus einem Zustand der Dualität und der Bedürftigkeit geboren werden, sind Signale, die uns den Weg nach Hause in das Einheitsfeld weisen. Sie sind ein Alarmsystem, das uns zeigt, dass wir unser Zuhause und unseren inneren Frieden verloren haben. Wenn wir einen Mangel spüren, ruft uns das dazu auf, uns an den Ort zu erinnern, wo es keinen Mangel gibt und nichts alles ist. Von diesem Ort aus können wir all das ins Dasein rufen, dem wir unsere Energie zuführen.

Es gibt dort keine Wünsche, denn das Königreich des Himmels ist bereits unser. Man könnte dieses Feld das *Tao* nennen. Diesen Namen gaben die Chinesen dem Prinzip, das alles Leben lenkt und leitet. Wenn wir von der Prämisse ausgehen, dass in uns allen ein Aspekt des Göttlichen wohnt, dann sind wir mit allem und jedem verbunden, und es fehlt uns an nichts, weil sich alles bereits in unserer Reichweite befindet.

Das Tao des Erinnerns

Manchmal wird unser Bemühen, eine höhere Entwicklungsstufe zu erreichen, dadurch vereitelt, dass es unserem animalischen Körper schwerfällt, diesen Energiezustand aufrechtzuerhalten. Eine neue, offene Geisteshaltung lässt sich nur allmählich entwickeln. Der Zustand des Einsseins entsteht nicht plötzlich, sondern so, wie Laotse es im *Tao Te King* beschreibt: »Das Bedürfnis, Dinge zu erzwingen, schwindet immer mehr.«

Dieser Weg steht also auch jenen unter uns offen, die Spätentwickler sind oder langsam lernen – und das ist doch eine wirklich gute Nachricht!

Wenn du die Bedeutung des Einheitszustandes verstehst, wird das deine Fähigkeit stärken, den Remembering-Prozess zu nutzen und *mit* dem Gesetz der Anziehung zu arbeiten statt *dagegen.*

Die Zeit ist ein seltsames Ding.
Jedes Mal wenn Daniel und ich eine Entscheidung über die Musik treffen mussten, an der wir gemeinsam arbeiteten, hielten wir inne und versetzten uns in die Zukunft. Als mir angeboten wurde, Anfang 2011 eine Titelgeschichte in der Zeitschrift *Austin All Natural* zu bekommen, war ich unsi-

cher, wie das Coverfoto aussehen sollte. Der Chefredakteur überließ mir alle Details und sagte nur, er wolle, dass ich in drei Monaten die Titelseite seiner Zeitschrift zierte.

Zum damaligen Zeitpunkt war gar nicht geplant, das Album so schnell fertigzustellen. Als ich David engagierte, um mir bei der Produktion meines ersten Albums zu helfen, hatte das ursprüngliche Ziel darin bestanden, bis Jahresende fertig zu werden. Doch angesichts dieser Chance, in drei Monaten auf dem Cover der Zeitschrift zu erscheinen, versuchten wir, uns daran zu erinnern, was wir getan hatten, um dieses neue Ziel zu erreichen.

Konnte ich mein erstes Album in nur drei Monaten fertigstellen?

Remembering erleichterte uns diese Aufgabe sehr. Von nun an lebten wir mit der festen Annahme, dass dieses Zeitschriftencover realisiert werden würde. Das musste so sein, denn wir konnten uns ja schließlich daran erinnern! Es ging nur noch um die Feinjustierung dieser Vision. Wie genau hatte das Cover ausgesehen?

Als Daniel und ich die Möglichkeiten erforschten, erinnerten wir uns an das Cover. Mit anderen Worten, wir taten so, als sei die Titelseite längst fertig und die Zeitschrift im Handel. Wir schauten in unser zukünftiges Bewusstsein hinein. So versuchten wir zu erkennen, wie das Cover aussehen würde. Wir spielten einfach mit der Idee, ohne uns auf ein bestimmtes Resultat zu versteifen oder unbedingt das

Richtige tun zu wollen. Wir gestatteten es uns, frei zu assoziieren.

»Ich sehe ein verschwommenes Foto von mir mit einer Harfengitarre«, sagte ich. »Aber ich bin mir nicht sicher. Vielleicht habe ich mich auch mit einem neuen Auto gesehen oder mit einer anderen Gitarre.«

Als Resultat dieses fiktiven Erinnerungsprozesses schuf ich in nur drei Monaten das fünf Titel umfassende Album *Blue Healer*. Und auf dem Cover der *Austin All Natural* bin ich mit einer Gibson-Harfengitarre aus dem Jahr 1915 abgebildet, also ziemlich genau so, wie ich mich während des Prozesses daran erinnert hatte.

Das ist erstaunlich. In nur drei Monaten ein Album zu produzieren, zumal mit einem Neuling wie mir, grenzt an ein Wunder.

Wie haben wir das geschafft?
Wir haben uns daran erinnert.
– Joe

So, wie Newton die Schwerkraft nicht erfand, sondern ihr lediglich einen neuen Namen gab, haben auch wir dieses Paradigma nicht erfunden. Der Remembering-Prozess ist ein neues mentales Modell, das uns hilft, auf mühelose Weise Zugang zu diesem zeitlosen Paradigma zu finden – dem Zustand des Einsseins –, aus dem Frieden und alle Segnungen des Lebens unbegrenzt hervorströmen. Er ist ein Weg, wie wir unsere Herzenswünsche als Portal nutzen können, um uns bewusst mit diesem wunderbaren, geheimnisvollen Universum zu verbinden.

Die Nebenprodukte dieses Weges sind der Wunsch, dieses Gute mit anderen Menschen zu teilen, sowie Gefühle von Wohlbefinden und Fülle, das Entdecken des eigenen Potenzials und ein erfülltes Leben.

Remembering-Briefe schreiben

Als ich über meine Ziele nachdachte, schrieb ich einen Remembering-Brief:

> *Ich erinnere mich, dass ich, als ich diesen nächsten Schritt zu mehr Wohlstand, Frieden und Ausgeglichenheit tat, meine Haare kürzer trug oder sie anders frisierte. Ich benutzte ein anderes Haarpflegeprodukt, vielleicht American Crew Pomade. Es roch sehr maskulin. Ich erinnere mich, dass ich Stolz empfand und eine innere Klarheit und Ruhe. Ich erinnere mich, dass ich meine Hemden aus der Reinigung holte. Ich erinnere mich, dass ich die kleinen Namenszettel abriss, und daran, wie steif und sauber sich die frisch gereinigten Hemden anfühlten. Ich erinnere mich …*

Auf den ersten Blick scheint dieser Text wenig mit meinen Zielen zu tun zu haben, damit, mehr Wohlstand, Frieden und Ausgeglichenheit zu erschaffen – aber diese kleinen Details erleichtern uns den

Zugang zu unseren »Erinnerungen«, wenn wir das größere Bild noch nicht klar sehen können. Ich war mir noch nicht im Klaren darüber, wie ich meine Ziele erreichen würde, aber ich konnte mich an bestimmte Sinneseindrücke »erinnern«, die ich dann mit Erfolg und einem Gefühl inneren Friedens assoziierte.

Du solltest auch so vorgehen. Experimentiere spielerisch mit diesen Remembering-Briefen.

Vielleicht möchtest du dafür ein spezielles Notizbuch benutzen, aber lass dich nicht abhalten, wenn du gerade keines zur Hand hast. Du kannst diese Briefe an dich selbst überall aufschreiben: auf einen Zettel, in den Computer, an den Rand deines Terminkalenders … schreibe sie so auf, wie es sich für dich natürlich anfühlt. Es ist wichtig, dass du einfach loslegst und es tust, statt es »perfekt« machen zu wollen. Deine Briefe sind einfach deine Briefe und sie müssen nicht schön oder poetisch geschrieben sein. Und wenn sie Rechtschreibfehler enthalten, macht das gar nichts. Es geht nur darum, dass du die detaillierten Sinneseindrücke in Worte fasst, die dir helfen, dich an die Verwirklichung deiner Ziele zu »erinnern«.

Während ich dieses Buch schrieb, habe ich mich viele Male an die gewünschten Resultate erinnert: Ich erinnerte mich, dass mein Lektor mir eine E-Mail schickte, in der stand: »Herzlichen Glückwunsch! Du hast es geschafft!« Ich erinnerte mich daran, wie ich das Buch in Buchhandlungen im Regal stehen sah und wie die Leute e in die Hand nahmen und darin blätterten. Ich musste mich nich erinnern, wie ich das im Einzelnen bewerkstelligt hatte, aber ich e innerte mich, dass das Buch fertig gedruckt auf dem Markt war, d es sehr gut geworden war und viele Leser fand. Das erfüllte m jedes Mal, wenn ich mich zum Schreiben hinsetzte, mit Selbst trauen und Zuversicht, denn ich wusste, dass es am Ende genau so werden würde, wie ich mich »erinnerte«. Ich musste mir keine Sorgen machen, ob ich bis zum Ende durchhalten oder ob das fertige Buch gut genug sein würde. Joe und ich wussten beide, dass es ein wunderbares Buch werden und vielen Menschen helfen würde – wir wussten es, weil wir uns daran erinnerten. Das nahm uns viel von den Ängsten, die sonst mit solchen Projekten einhergehen, und ermöglichte uns, frei und entspannt zu schreiben. Wir setzten uns auch nicht dem Druck aus, es auf Anhieb richtig machen zu müssen. Uns war klar, dass vermutlich mehrere Überarbeitungen und ein gründliches Lektorat nötig sein würden, um unsere Botschaft wirklich so klar herüberzubringen, wie wir es beabsichtigten. Aber dank der Remembering-Methode wussten wir, dass das Endergebnis genau richtig sein würde.

Hier sind ein paar Fragen, die du dir stellen kannst, wenn du mit deinen Remembering-Briefen beginnen möchtest. »Erinnere« dich an den Tag, an dem du dein Ziel erreichtest:

- Welche Jahreszeit war es?
- Welche Tageszeit war es?
- Was hast du an diesem Tag gegessen?
- Wie warst du gekleidet?
- Welche Gegenstände befanden sich in deiner Umgebung?
- Wie hast du dich gefühlt?
- War jemand bei dir?
- Wer hat dir gratuliert?
- Welche akustischen Wahrnehmungen hattest du?
- Welche Gerüche konntest du wahrnehmen?

- Wohin bist du gegangen?
- Ähnelte das Gefühl anderen bereits bekannten Empfindungen?
- Was an deinem Erfolg war noch besser, als du es dir vorgestellt hattest?

Besonders cool an dieser Methode, sich »zukünftige« Erinnerungen selbst zu fabrizieren, ist, dass die Geschichte schnell ein Eigenleben entwickelt – ein Detail führt zum nächsten und so weiter. Am Anfang kann es sein, dass die Sache sich ein bisschen künstlich oder konstruiert anfühlt, und das ist völlig in Ordnung so. Vertraue trotzdem und schreibe diese inneren Eindrücke auf. Je mehr Spaß du an dieser Form des Erinnerns findest, desto weniger künstlich wird sie dir vorkommen.

Du wirst so zum Autor deines Schicksals. Wie der Drehbuchautor oder Regisseur eines Films entscheidest du selbst, wie die Szenerie aussehen soll, mit welchen Darstellern du die Rollen besetzt, was die Charaktere sagen und wie sie sich im Verlauf der Handlung entwickeln. Wenn du später zu dem Schluss kommst, dass bestimmte Aspekte dir nicht gefallen, kannst du in den Schneideraum gehen und diese Szenen ändern … so wie ein Regisseur einen neuen Schluss für seinen Film drehen kann, kannst du deine Remembering-Briefe umschreiben. Oder du schreibst ein paar neue Briefe, die deine Vision von einem erfüllten Leben besser wiedergeben.

Bei meinen Remembering-Briefen für dieses Buchprojekt handelte es sich um eine Reihe von E-Mails zwischen Joe und mir. Ich hatte das große Glück, in ihm einen Partner zu haben, der sich mit der gleichen Freude wie ich auf dieses »Spiel« einließ. Wenn es in deinem Leben jemanden gibt, der dich voll und ganz unterstützt und mit dem du auf der gleichen Wellenlänge schwingst, könnt ihr euch eure Briefe zeigen und euch so gegenseitig motivieren. Wenn nicht, ist es besser, sie für dich zu behalten und im Stillen zu beobachten, wie sich durch das Schreiben der Briefe mit der Zeit deine Wahrnehmung verändert. Sei ein interessierter Beobachter und studiere die Effekte des Remembering-Prozesses wie ein Wissenschaftler. Welche Veränderungen stellst du fest, wenn du einige Wochen lang immer wieder solche Briefe geschrieben hast? Spürst du, wie du mehr Selbstvertrauen entwickelst, mehr Zutrauen in deine Fähigkeit, gesteckte Ziele zu erreichen? Wirst du kreativer? Bist du ausgeglichener, friedvoller?

Wenn Schreiben sich für dich unnatürlich anfühlt, kannst du die »Briefe« auch diktieren. Vielleicht verfügen ja dein Smartphone oder dein MP3-Player über eine Aufnahmefunktion, oder du besitzt ein anderes geeignetes Gerät. Sprich all die Details ins Aufnahmegerät, die du sonst aufschreiben würdest. In jedem Fall, ob du die Briefe als Sprachaufnahme aufzeichnest oder aufschreibst, hältst du so deine Gedanken für später fest und regst auf spielerische Weise deine Fantasie an.

Das lässt sich mit einem Traumjournal vergleichen. Wenn du noch keine Erfahrung mit dem Aufzeichnen deiner Träume hast, solltest du ausprobieren, wie du auch damit deine Wahrnehmung verändern kannst: Es ist gut möglich, dass du dich nur sehr wenig an deine Träume erinnerst. Doch wenn du ein paar Wochen lang ein Notizbuch und eine Taschenlampe neben deinem Bett bereitlegst und sofort nach dem Aufwachen alles aufschreibst, woran du dich erinnerst, wirst du deine Träume in einem völlig neuen Licht sehen. Zuvor hast du dich vielleicht nur an ein oder zwei Träume pro Woche erinnert, doch schon bald wird es dir leichtfallen, dich jede Nacht an einen oder mehrere Träume zu erinnern, weil du mit dem Traumjournal dein Gehirn darauf trainierst, Informationen zu speichern, von denen du zuvor gar nicht wusstest, dass sie dir zugänglich sind. Du hast dir einen Bereich erschlossen, der vorher brachlag, einfach indem du sein Vorhandensein anerkennst, erwartest, dass du in der Lage bist, dich an deine Träume zu erinnern, und alles aufschreibst, was sich daraufhin einstellt.

Es geht eine besondere Kraft davon aus, Dinge aufzuschreiben oder laut auszusprechen. Experimentiere mit den Remembering-Briefen und schau, wohin es dich führt.

Nach diesem Einstieg in die Grundlagen der Remembering-Methode werden wir nun die dahinterstehenden Denkprozesse ergründen. Und wir werden untersuchen, welcher Zusammenhang mit dem Gesetz der Anziehung besteht.

2. KAPITEL

DAS GESETZ DER ANZIEHUNG UND WARUM WÜNSCHE PROBLEMATISCH SIND

»Die Logik bringt dich von A nach B.
Die Vorstellungskraft bringt dich überallhin.«

Albert Einstein

Der Vorgang des »Wünschens« trennt uns von dem, was wir uns wünschen. Wenn wir uns ein bestimmtes Resultat »wünschen«, errichten wir damit eine Barriere gegen die Verwirklichung des Wunsches.

Wenn wir denken, wir »bräuchten« ein bestimmtes Resultat, macht das diese Barriere noch unüberwindlicher. Der empfundene Mangel löst in uns Angst aus, und die Angst aktiviert in unserem Körper die Kampf-oder-Flucht-Reaktion. Nehmen wir ein wichtiges Vorstellungsgespräch als Beispiel. Wir werden ängstlich – *ich brauche diesen Job unbedingt* –, und unser Gehirn interpretiert das als ein wirkliches Bedürfnis so wie Luft zum Atmen, Wasser und Nahrung. Das Gehirn denkt: *Ich brauche diesen Job oder ich werde nicht überleben*. In dieser Situation sind wir tatsächlich ganz auf unser Überleben fokussiert.

Die Kampf-oder-Flucht-Reaktion ist eine uns fest einprogrammierte Stressreaktion, die uns vor Schaden bewahren soll. Sie geht auf jene Zeit zurück, als Stress bedeutete, dass uns ein Tiger verfolgt oder unser Baby aus der Hütte stehlen will. Das sympathische Nervensystem und das adrenokortikale System schalten auf Maximalleistung und setzen hochdosiert Adrenalin, Noradrenalin und andere Chemikalien frei, die uns helfen sollen, entweder davonzurennen oder kurzzeitig die übermenschliche Kraft zu entwickeln, die nötig ist, um gegen ein tödliches Raubtier zu kämpfen.

Wenn unser Körper die Chemikalien freisetzt, die nötig sind, um es mit einem Säbelzahntiger aufzunehmen, ist es klar, dass wir uns unwohl fühlen. Also sitzen wir im Vorstellungsgespräch, schwitzend, hyperventilierend, und sind unfähig, uns auf eigentlich einfache Aufgaben zu konzentrieren, weil unser Gehirn sich im Alarmzustand befindet und darauf wartet, dass der Tiger brüllt und uns damit verrät, wo er ist.

Aber dieser stressvolle Zustand muss nicht sein. Es gibt einen Ausweg. Der Dichter Rainer Maria Rilke schrieb: »Die Zukunft tritt in uns ein, um sich in uns zu verwandeln, lange bevor sie geschieht.« Wenn du dich »erinnerst«, dass der gewünschte Zustand, das verwirklichte Ziel, bereits jetzt irgendwo im Raumzeit-Kontinuum existiert, gibt es keinen Grund für Anspannung, Angst oder Zweifel. Irgendwo in Raum und Zeit hast du den gewünschten Job bereits. Und weil diese Realität bereits existiert, kannst du sie dir sanft und harmonisch ins Bewusstsein rufen. Diese Leichtigkeit macht es möglich, dass die gewünschten Erfahrungen ganz ohne Stress in dein »Feld« gelangen können. Dein Feld umfasst alles, was du bist: dein körperliches, mentales und spirituelles Selbst. Die einzige Anstrengung, die du aufbringen musst, besteht darin, den Bewusstseinszustand des Einsseins in dir zu entdecken und zu entwickeln.

Mit anderen Worten, wir erschaffen uns bewusst eine innere Ökologie, durch die der Zustand des Einsseins mit dem Universum und allem, was ist, in uns wachsen und gedeihen kann.

Von 1957 bis zu ihrem Tod im Jahr 1979 übermittelte das aus Wien stammende Medium Eva Pierrakos in Trance 258 Botschaften eines Geistwesens, das sie »den Guide« nannte. Diese medialen Vorträge wurden als die »Pfadarbeit« bekannt. Sie sind heute kostenfrei über die Webseite www.pathwork.org zu beziehen. In Vortrag 112, »Das Verhältnis der Menschheit zur Zeit«, wird beschrieben, wie Menschen unbeabsichtigt ihre eigenen Barrieren errichten:

> *Die Angst vor dem Tod verursacht eine Rückwärtsbewegung, die dem natürlichen Fluss der Zeit entgegengesetzt ist, welcher gleichmäßig und harmonisch verläuft. Wenn ihr euch in diesen natürlichen Rhythmus hineinfühlt, lebt ihr in Harmonie. Das gelingt euch, wenn ihr auf die einzig sinnvolle Weise mit der Zeit umgeht: indem ihr jeden Augenblick und jedes Erlebnis für Wachstum und Entwicklung nutzt. Wenn ihr der Zukunft keinen Widerstand leistet, müsst ihr sie nicht fürchten. Wenn ihr euch ebenso für die Gegenwart öffnet, könnt ihr auch sie nutzen. Dann erscheint es nicht mehr wünschenswert, sich gegen sie zu sträuben oder vor ihr zu fliehen. Das ist wahres Sein. Es ist noch nicht der höchste Seinszustand, aber für die Zeitdimension, in der ihr lebt, ist es der angemessene Zustand.*

Befindet ihr euch einmal in diesem Zustand, folgt ihr dem natürlichen Fluss. Die Welle der Zeit wird euch natürlich und harmonisch in die nächstgrößere Dimension tragen, vor der ihr euch so sehr fürchtet, weil ihr deren Realität noch nicht beweisen könnt. Dass ihr es einerseits so eilig habt, in die neue Dimension zu gelangen, andererseits aber das Unbekannte fürchtet, ist eine Reaktion auf etwas, das einem Teil eurer Persönlichkeit als sehr ungewiss erscheint. Mit solchen Reaktionen behindert ihr die natürliche Bewegung und erzeugt Anspannung, weil ihr die Kräfte eurer Seele in Widerstreit versetzt. Das führt zu Stagnation und macht euch unfähig, das »Jetzt« wirklich zu erleben und zu erfahren.

(Englisches Zitat aus Pathwork® Lecture Material, Seite 31 und 87. Copyright © 1996 Pathwork Foundation. Abdruck mit Erlaubnis der Pathwork Foundation. www.pathwork.org)

Wenn wir harmonisch mit dem Gesetz der Anziehung arbeiten wollen, sollten wir demnach lernen, so weit wie möglich aus diesem Einheitszustand heraus zu handeln – also den geistigen Mangelzustand zu eliminieren, der uns aus dem Einssein herausfallen lässt.

Das Gefühl, nach dem du suchen solltest, ist friedlich, ohne Stress und krampfhaftes Bemühen. Wir müssen nichts tun, wir müssen nichts erlangen. Warum solltest du dich vor Hunger nach einem köstlichen Sandwich verzehren, wenn du es bereits in Händen hältst und jederzeit hineinbeißen kannst? Um dieses Gefühl geht es.

Kleine Änderungen in deinem Sprachgebrauch können alles

verändern. Joe nennt Sätze, die mit »Ich wünsche mir«, »Ich beabsichtige« oder ähnlichen Formulierungen beginnen, *Opfer-Sprache*. Sie sagen aus, dass du das Gewünschte noch nicht hast und deshalb unvollständig bist. Diese Sätze suggerieren, dass du um die Dinge kämpfen musst, die du noch nicht besitzt, denn du befindest dich gefühlsmäßig in einem Mangelzustand. Sagst du stattdessen »Ich erinnere mich«, ändert sich die ganze Landschaft, denn nun bist du nicht länger Opfer. Du hast alles, was du dir wünschst. Vielleicht ist es momentan nicht Bestandteil deines Lebens, aber es ist dein. Es wird schon bald Teil deiner Erfahrung werden. Du musst nicht darum kämpfen. Das ist viel leichter, als zu wünschen und zu hoffen.

Seit ich im Film *The Secret* mitwirkte, werde ich von Menschen aus aller Welt gefragt, wie man den richtigen Partner, Geld und vieles mehr in sein Leben zieht. Ich habe sogar ein »Wunder-Coaching« ins Leben gerufen, ein Trainingsprogramm, das den Leuten vermittelt, wie sie die von mir gelehrten Prinzipien praktisch anwenden können.

Mit dem Remembering-Prozess können wir das Gesetz der Anziehung beschleunigen. Dieses Gesetz ist ständig wirksam. Was gegenwärtig in deinem Leben ist, ist genau das, was du bisher angezogen hast. Herzlichen Glückwunsch! Du bist wirklich mächtig.

Aber was ist, wenn dir das, was du in dein Leben gezogen hast, nicht gefällt? Was ist, wenn du lieber etwas anderes anziehen möchtest?

Du kannst den Remembering-Prozess dafür nutzen, dich nicht nur besser auf das zu konzentrieren, was du dir als Nächstes wünschst, sondern es auch tatsächlich anzuziehen. Indem du dich daran »erinnerst«, dass du dein Ziel in dein Leben gezogen hast, überzeugst du dich selbst davon, dass es *bereits geschehen* ist. Diese gesteigerte Energie veranlasst das Gesetz der Anziehung, auf einer höheren Ebene zu deinen Gunsten zu wirken.

Nehmen wir beispielsweise an, du möchtest eine bessere Gesundheit anziehen. Bei der traditionellen Art, etwas in dein Leben zu ziehen, würdest du nun Affirmationen rezitieren oder dich hinsetzen und über dein Ziel meditieren. Dagegen ist überhaupt nichts einzuwenden. Aber stell dir vor, dass du das Remembering der Mixtur hinzufügst.

Damit springst du an der tatsächlichen Erfahrung einer verbesserten Gesundheit vorbei weiter in die Zukunft. In dieser Zukunft weißt du, dass du diese gute Gesundheit bereits erlangt oder in dein Leben gezogen hast. Sie muss längst existieren, denn schließlich kannst du dich ja daran erinnern.

Wenn du auf spielerische Weise diesen inneren Ort des Erinnerns aufsuchst, kannst du dir Fragen stellen wie zum Beispiel: *Wie habe ich diese gesündere Version meiner selbst erschaffen?* Dabei spielt es keine Rolle, wenn deine Antworten etwas unklar und verschwommen sind. Das ist ganz normal, wenn man sich an etwas erinnert. Diese

Antworten können dir aber ganz neue Möglichkeiten aufzeigen.

Und hier kommt der Clou: Indem du dich daran erinnerst, dass das, was du dir wünschst (eine bessere Gesundheit), bereit verwirklicht ist, lädst du das, was du in dein Leben ziehen möchtest, mit zusätzlicher Energie auf.

Du beschleunigst den Prozess.

Du erschaffst Wunder – indem du dich an sie erinnerst.

– Joe

Du gelangst in das Einheitsfeld, indem du dir jetzt in diesem Augenblick voll freudiger Erregung vorstellst, bereits dort zu sein. Oder, wie es in dem Andy-Warhol-Zitat auf einem Poster in meinem Studio heißt: »Sei bereit, ohne äußeren Grund glücklich zu sein.«

Mit dem gegenwärtigen Augenblick einverstanden zu sein in dem Wissen, dass alles, wonach wir streben, in einem Netzwerk aus Energie bereits jetzt existiert, holt unseren Wunsch in die Gegenwart. Der letzte, entscheidende Sprung besteht darin, dass das Gewünschte tatsächlich hier *ist*, jetzt.

Viele Selbsthilfemethoden beschäftigen sich mit dem Problem des Wünschens. In *Erfolg kommt nicht von ungefähr: Psychokybernetik* schreibt Maxwell Maltz über das »innere Zittern«, wenn wir uns zu sehr bemühen, einen Faden in ein kleines Nadelöhr einzufädeln. Das ist eine ausgezeichnete Metapher dafür, was mit uns geschieht, wenn wir in der Dualität des Wünschens und der Angst vor dem

Mangel leben. Unser übermäßiges Bemühen, »den Faden unseres Wunsches einzufädeln«, erzeugt eine unnatürliche Anspannung, wodurch unser Handeln verkrampft und ungeschickt wird.

Wenn wir uns erinnern, dass wir das, was wir uns wünschen, bereits besitzen, können wir befreit durchatmen. Die körperliche und geistige Anspannung lässt nach, sodass die geheimnisvollen universalen Energien zwischen uns und dem Gegenstand unserer Aufmerksamkeit fließen können. An die Stelle krampfhafter Aktivität und sehnsüchtigen Wünschens tritt eine entspannte, sanfte Aufmerksamkeit bezüglich des angestrebten Resultats. Dieses Gefühl lässt sich am ehesten mit einer angenehmen, liebevollen Erinnerung vergleichen.

Ich erinnere mich zuerst an die vorhandenen Elemente. Ich erinnere mich, dass dieser Teil des Buches mir Freude machte und sich sehr flüssig schrieb. Ich erinnere mich, dass hier erklärt wird, warum es wichtig ist, unsere Wünsche klar zu formulieren, auch wenn der nächste Schritt darin besteht, diese Wünsche aufzugeben, weil wir sie sonst nicht erlangen können. Wie paradox das ist! Ich erinnere mich, dass das Buch viele Zitate enthält und dass alle diese Elemente sich mit großer Leichtigkeit zusammenfügen ließen. Ich erinnere mich, dass ich in dieser Woche sehr früh schlafen ging, sodass ich mich frisch und ausgeruht fühlte, wenn ich um fünf Uhr aufwachte. Ich erinnere mich, dass ich unglaublich produktiv war.

Beim Remembering-Prozess geht es, wie beim Gesetz der Anziehung, im Wesentlichen um Schwingungen. Wenn wir jemanden treffen, der glücklich, zuversichtlich und aufgeschlossen ist, sagen wir, dass er »gute Schwingungen« ausstrahlt. Nun, genau das ist der Schlüssel zu einem besseren, erfolgreicheren Leben: die richtigen »Schwingungen« auszustrahlen und zu empfangen. Deswegen ist uns die »Ausstrahlung« eines Menschen wichtig. Manche Leute strahlen einfach positive Energie aus.

Wir sind auf die Erde gekommen, um mit diesen Schwingungen zu spielen und herauszufinden, wie wir das Steuer und den Gashebel unseres Lebens selbst in die Hand nehmen können – sozusagen unsere eigene Schwingungsmaschine steuern. Wir schwingen und gehen in Resonanz mit Gedanken, Ideen und Handlungen. Und sie harmonieren entweder miteinander oder erzeugen Dissonanzen. Es ist wie in der Musik. Da gibt es Klänge, Frequenzen, Akkorde und Rhythmen, die uns angenehm sind und auf die wir uns einschwingen möchten. Also erlernen wir diesen musikalischen Stil. Wir lernen einen *Vibe*. Zum Beispiel kann man sagen, dass ein Song einen »Country-Vibe« hat – er bringt die für Countrymusic charakteristische Atmosphäre herüber. Viele Leute, die im ländlichen Amerika geboren wurden, lernen diesen Vibe sozusagen von Kind an. Andererseits sind einige meiner Lieblings-Countrymusiker Großstadtkinder. Ich habe einen »Südstaaten-Vibe« – und dabei bin ich ein jüdischer Junge aus New York. Für meine jüdischen Wurzeln empfinde ich bis heute Liebe und Respekt.

Aber ich liebe Texas – ich fühle mich dort zu Hause. Das Wetter dort passt zu meiner Kleidung, wie es in einem alten Folksong heißt. Ich mag das Wetter, ich mag das Essen. Ich mag die Musik und meine Stiefel. Als ich nach Texas zog, fand ich endlich mein »Zuhause«. Ich liebe es, meine Familie in New York zu besuchen, aber der Süden übt einen ganz besonderen Reiz auf mich aus. Es gibt dort eine Frequenz und Schwingung, die mich magisch anzieht. Sie passt zu meiner Seele.

In vielen Fällen sind Menschen von Geburt an fest auf eine bestimmte Energie justiert. Da gibt es Leute wie Michael Jordan, die mit Leib und Seele Sportler sind: Kaum zu glauben, dass jemand, der in der Highschool als zu klein für Basketball galt, später zu einer Ikone dieser Sportart wurde! Es ist, als wäre sein gesamtes Energiefeld auf den Sport ausgerichtet.

In ähnlicher Weise strahlen andere Menschen Reichtumsenergie aus. Es gibt viele Reiche, die arm geboren wurden und später lernten, auf der Frequenz des Reichtums zu schwingen und Wohlstand zu manifestieren.

Du kannst diese Menschen an jeden beliebigen Ort auf der Welt schicken, etwas in ihnen wird immer Wohlstand und Fülle anziehen. Dann gibt es die Mittelklasse-Schwingungen – auch diese Energien sind real. Man sieht es den Leuten an.

Welche Schwingung möchtest du zu manifestieren lernen?

Ich erinnere mich, dass ich meinen Ferrari von Tad Cole kaufte, einem von Joes Bekannten, Börsenmakler von Beruf. Ich erinnere mich, dass er rote Bremssättel hatte und dass der F430 einfach mein Traumauto war. Ich erinnere mich, dass der Ferrari eine Liebesgabe an mich selbst war, ein unmittelbares Zeichen dafür, dass es mir gelungen war, innerlich so viel Positivität zu erzeugen, dass sie regelrecht hervorsprudelte und sich von mir auf die Menschen in meiner Umgebung übertrug. Ich erinnere mich, dass der erste Anker in dieser Kette darin be-

standen hatte, mir eine Rolex zu kaufen. Aber es geht dabei nicht um die »Dinge« an sich, sondern darum, sich selbst wie einen König oder eine Königin zu behandeln. Durch diese Steigerung unseres Selbstwertgefühls fällt es uns leichter und leichter, anderen Menschen gegenüber großzügig wie ein König oder eine Königin zu sein.

Zu meinen ersten Schritten gehörte, einen Aktenordner anzulegen, in dem ich alle meine über die Jahre erzielten Erfolge und das positive Feedback, das ich von anderen erhalten hatte, dokumentierte. Mich selbst zu feiern fiel mir anfangs alles andere als leicht. Irgendwie hatte ich die Fähigkeit eingebüßt, mich über meine Erfolge zu freuen. Da half es, mir durchzulesen, was andere lobend über mich geäußert hatten. Es erinnerte mich daran, dass ich gut bin in dem, was ich tue, und über viele Fähigkeiten verfüge. So konnte ich mich entspannen, was es mir ermöglichte, auf ganz neue Weise spielerisch meine Kreativität und mein Potenzial zu entdecken.

Ich erinnere mich, dass es mir sehr half, mein eigenes Buch zu lesen. Ich erinnere mich, dass es auch vielen anderen Menschen half. Diesen Ideen auf die mir bestmögliche Weise Ausdruck zu verleihen, wenn auch unvollkommen, war ein Geschenk, das ich mir selbst machte und jenen, die nach diesem Schlüssel zu ihrem eigenen Fortschritt suchten.

Du kannst in deinem Leben eine Menge Liebe oder Sex oder Freundschaft manifestieren. Alle diese Schwingungen sind dir frei zugänglich. Menschen, die diese Dinge für sich manifestieren, haben gelernt, diese spezielle Schwingung zu wiederholen und auszustrahlen. Zu jedem dieser Wünsche gibt es die entsprechenden »Vibes«, Frequenzen, auf die du dich einschwingst und die dann diesen speziellen Lebensstil hervorbringen.

Ein wirklich befreiender Gedanke dabei ist: So ein Weg ist nicht schon von Kind an vorgezeichnet. Du kannst dich auch später noch entscheiden, Musiker, Mathematiker, Magier zu werden. Du musst nicht dein Leben lang das machen, was dir in der Jugend durch äußere Umstände vorgegeben zu sein schien. Du kannst andere Wege für dich entdecken. Viele Menschen stellen das tagtäglich unter Beweis.

Im Leben musst du immer wieder entscheiden, mit welchen Umständen und Tätigkeiten du dich wirklich wohlfühlst und in welchen Bereichen du dich lieber verändern möchtest.

Der Remembering-Prozess hilft dir, dich auf andere Schwingungen einzustimmen. Es handelt sich dabei nicht um eine lineare Herangehensweise, sondern es geht um echte Quantensprünge. Damit meinen wir den Sprung aus der allgemein akzeptierten Alltagsrealität in eine Welt der enorm erweiterten Möglichkeiten. Du entdeckst den Unterschied zwischen der äußeren Realität, die du mit deinen Augen siehst, und dem Potenzial deiner Vorstellungskraft.

Diese anderen Energien sind stets präsent, du musst deinen inneren Empfänger nur auf den richtigen Sender einstellen. Der Remembering-Prozess aktiviert deinen spirituellen Radioempfänger. Was du damit empfängst, hängt davon ab, welchen Sender du einstellst. Und du verstärkst diese Entscheidung dadurch, welche Fernsehsendungen du anschaust, mit welchen Freunden du deine Zeit verbringst und worüber du dich mit anderen unterhältst – zum Guten wie zum Schlechten.

Wenn du zum Beispiel wie ich bist und eine Vorliebe für Countrymusic hast, wirst du dich vermutlich auf eine starke »Country-Vibe« einstimmen. Du gehst auf viele Konzerte, wo diese Musik gespielt wird. Du unterhältst dich mit anderen Leuten, die ebenfalls Countrymusic-Fans sind. Du hörst dir tolle Alben an. Vielleicht trägst du sogar einen Cowboyhut. (Ich selbst sehe mit einem Cowboyhut komisch aus, aber du weißt schon, was ich meine.) Auf diese Art bringst du dich in Harmonie mit der entsprechenden Schwingung. Bedenke aber, dass du nicht erst dreißig Jahre in Texas leben musst, um dich für diese Musik und dieses Lebensgefühl zu begeistern. Du musst nur dein »Südstaaten-Feeling« anzapfen, das irgendwo in deiner Seele schwingt.

Eine Freundin von mir hat eine ausgeprägt britische Schwingung – und das, obwohl sie aus Kansas stammt. Sie lebt diese Energie wirklich. Mit dieser Frequenz ist sie am glücklichsten. Es ist ihre Wohlfühlzone. Sie verwendet sogar britische Wörter und zeigt typisch britische Gepflogenheiten. Sie hat sich gewissermaßen als Engländerin neu erfunden.

Finde den Radiosender, den du am liebsten empfängst. Und bleibe dann dabei. Begib dich immer wieder in diese Frequenz.

Mit der Zeit gewöhnen sich die Leute in deiner Umgebung daran, dass du immer wieder bestimmte »Sendungen« ausstrahlst. Wenn du deinen Empfänger auf ein Armutsprogramm einstellst, identifizieren dich die Leute schon bald mit dieser Schwingung. Dabei ist der Wunsch, gutes Geld zu verdienen, völlig in Ordnung. Und es ist okay, »Dinge« besitzen zu wollen. Pat O'Bryan, Gründer von Practical Metaphysics, schreibt: »Materielle Dinge besitzen zu wollen ist an sich nichts Schlechtes. Materielle Objekte sind neutral. Nur die Gier nach ihnen bewirkt, dass du dich schlecht fühlst.«

Diese Gier hat etwas Verzweifeltes – ein Gefühl des Mangels, das die Werbefachleute auszunutzen wissen. Sie reden dir ein, dass du nur glücklich sein kannst, wenn du ein ganz bestimmtes Auto, die eine sensationelle Schönheitscreme oder dieses Paar Schuhe besitzt. Doch du kannst dir deine Macht zurückholen *und* die Dinge besitzen, die dir Freude machen. Und glücklich sein kannst du gleich jetzt, unabhängig davon, ob du sie schon besitzt oder nicht. Und du kannst die Dinge, die du gerne besitzen möchtest, einladen, zu dir zu kommen, indem du dich einfach daran erinnerst, dass sie dir bereits gehören. Verschwende keine Energie darauf, dir Gedanken zu machen, ob du diese Dinge verdienst oder ob solche Wünsche zu albern oder zu materialistisch sind. Wenn etwas in Resonanz mit dir schwingt, dann ist es dein. Du hast ein reiches, erfülltes Leben und besitzt die Fähigkeit, alles herbeizuziehen, was du dir wünschst.

Wenn du deine geistige Einstellung änderst, solltest du immer wieder bekräftigen, wo du dich gerne »verorten« möchtest. In spiritueller und kreativer Hinsicht sind viele von uns Waisenkinder. Weder im Elternhaus noch in der Schule hat man uns das Vokabular und die Fertigkeiten mit auf den Weg gegeben, um zu tun, was wir wirklich tun wollen.

In seinem Buch *It's Never Crowded Along the Extra Mile* erinnert sich Wayne Dyer an die Zeit, die er als Kind in Waisenhäusern verbrachte. Diese Erfahrung zwang ihn, Selbstvertrauen und die Fähigkeit zu entwickeln, sich seine eigene Realität zu erschaffen. Das wurde zum Erfolgsrezept für seine gesamte Karriere. Dr. Dyer ist berühmt für seinen Ausspruch: »Wenn du daran glaubst, wirst du es sehen.«

Ich kenne nichts, was dir so sehr dabei hilft, an deine Ziele oder Wünsche zu glauben, wie der Remembering-Prozess. Wenn du dich daran erinnerst, dass etwas bereits Wirklichkeit ist, akzeptiert ein Teil von dir, dass du ohne Wenn und Aber in der Lage bist, es tatsächlich zu manifestieren. Der Angstmechanismus wird ausgeschaltet, und du kannst ungehindert dein Potenzial entfalten und dein Bestes geben.

Jetzt kommt es darauf an, dass du dich auf deine innere Weisheit einstimmst. Du stellst deinen Empfänger auf die Realität ein, die du fühlst, und auf den Wunsch, der tief in deinem Herzen wohnt. Und dann öffnest du dich für Botschaften und Hinweise aus diesem Frequenzbereich und lässt die gewünschte Realität Gestalt annehmen. An einem bestimmten Punkt wird die Intensität dieser Schwingungen so stark, dass die Leute dich nun voll und ganz mit deiner neu gewählten Realität assoziieren werden.

Vor einigen Jahren hielt ich mich als Musiker nur mühsam über Wasser und definierte meine Identität mit Stereotypen wie: »Die meisten Musiker sind nun einmal arm.« Oder: »Wer kann schon von der Kunst leben?« Aber heute rate ich den Musikern, mit denen ich arbeite, sich von solchen klischeehaften Vorstellungen zu befreien. Stereotypen wie diese verführen uns dazu, unsere Kreativität verkümmern zu lassen und eine schlechte Arbeitsethik zu pflegen. Dabei gibt es so viele erfolgreiche produktive Musiker und Künstler! Es ist mir erfolgreich gelungen, mich an mein Leben als produktiver, gut verdienender Albumproduzent *zu erinnern*. Diese

Veränderung meiner Erinnerung war anfangs nur sehr undeutlich und verschwommen, wurde langsam klarer und schließlich kristallklar.

Vor Kurzem wurde mir die Ehre zuteil, im Rahmen des MBA-Programms der Acton School of Business als Jurymitglied die Geschäftspläne der Studenten zu bewerten. Ich beugte mich zu einem anderen Mitglied der Jury herüber, das einen Milliarden Dollar schweren Risikokapitalfond verwaltet, und flüsterte ihm zu, dass es, verglichen mit meiner früheren Realität, einfach unglaublich sei, was ich inzwischen erreicht hätte. Für mich versinnbildlichte dieses Ereignis, dass ich nun zu meinem vollen Status als spiritueller Empfänger von Erfolg und Reichtum gelangt war.

Dankbar sein

Dankbarkeit kann uns sehr dabei helfen, eine neue Schwingungsfrequenz zu erreichen. Wenn du dich einsam fühlst und glaubst, mit deinen negativen Verhaltensmustern einen totalen Tiefpunkt erreicht zu haben, scheint das Gefühl der Dankbarkeit dir unerreichbar.

Strebe trotzdem danach. Finde etwas, sei es noch so klein, für das du Dankbarkeit empfindest. Und baue darauf auf. Mache eine Inventur deines Lebens und schreibe alles auf, was dir daran gut erscheint: Hast du eine gute körperliche Verfassung, Freunde, etwas zu essen, ein geliebtes Haustier, ein Hobby, das dir Freude macht, ein funktionierendes Auto, eine tolle Kaffeemaschine, gesunde Zähne, ein besonderes Talent, eine Tante, die dir zum Geburtstag gratulierte, zwei gesunde Arme, eine warme Decke, sauberes Trinkwasser, eine nette öffentliche Bibliothek gleich in deiner Nähe? Halte nach Dingen Ausschau, für die du jeden Tag dankbar sein kannst. Das können schöne Natureindrücke sein oder die nette Bäckereiverkäuferin, die dir einen Extra-Cookie in die Tüte packt.

Dankbar zu sein bewirkt, dass alles in deinem Leben besser läuft einschließlich des Remembering-Prozesses. Wie die Umstände auch aussehen mögen, du kannst Dankbarkeit darin finden, dass du deshalb so am Boden bist, weil du eine echte Herausforderung für deine spirituelle Heilkraft und Wandlungsfähigkeit suchtest. Mit anderen Worten, Wandel und Heilung zu erzeugen ist dir ein solches Anliegen, dass du dir bewusst einen besonders schwierigen Startpunkt gewählt hast, um einen neuen Pfad für dich zu finden, der auch wegweisend für viele andere Suchende sein kann. Und so kannst du sogar für deine Probleme dankbar sein! Gibt es andere Erklärungen, warum du dich in einer angstvollen oder schmerzhaften Situation befindest? Vielleicht bist du krank, hast Liebeskummer oder musst eine bestimmte Lektion lernen – achte also darauf, welche Geschichte oder Erklärung dich am stärksten zum Handeln motiviert.

Manchmal müssen wir den Dingen auf den Grund gehen und nach konkreten Beweisen suchen. Wenn du zum Beispiel glaubst, dass mit deiner Gesundheit etwas nicht in Ordnung ist, solltest du zum Arzt gehen und dich untersuchen lassen. Und es ist gut, dir Informationen über die Vorgeschichte einer Person zu beschaffen, bevor du dich auf eine geschäftliche Zusammenarbeit mit ihr einlässt. Zu anderen Zeiten ist es das Richtige für uns, die Geschichte zu leben, die unsere Schwingung am stärksten anhebt, ohne jeden Beweis, dass es real ist oder »funktionieren« wird.

Wenn du mit dem Glauben an dich selbst, deinen Weg oder eine höhere Macht gesegnet bist, weißt du, was ich meine. Wenn es dir also hilft, daran zu glauben, dass du dich an diesem momentanen Tiefpunkt befindest, weil dir das ermöglicht, neu anzufangen und dir ein besseres Leben zu erschaffen, dann baue auf diesem Gedanken auf.

Während der ganzen Zeit, die du darauf verwendest, dir über die Wahrheit oder relative Unwahrheit einer Idee den Kopf zu zerbrechen, könntest du im Glanz der Inspiration baden, die von dieser Idee ausgeht.

Das Problem der oberen Grenze

»Ist der Geist eines Menschen einmal durch eine neue Idee erweitert worden, kehrt er nie mehr zu seiner früheren Beschränktheit zurück.«

Oliver Wendell Holmes

Wenn wir uns für unsere Wünsche öffnen, müssen wir uns nicht nur klar darüber werden, was wir eigentlich wollen. Es kann außerdem sein, dass wir mit dem konfrontiert werden, was als »Problem der oberen Grenze« bekannt ist. Wir sperren uns unter selbst geschaffenen Glasdächern ein. Was also ist dieses Problem der oberen Grenze (POG)? Gay Hendricks beschreibt es so:

Beim POG handelt es sich um unsere Neigung, unserer positiven Energie Zügel anzulegen. Unbewusst haben wir unseren »inneren Thermostaten« auf bestimmte Grenzwerte eingestellt, die uns sagen, wie gut wir uns fühlen dürfen, wie erfolgreich wir sein dürfen und wie viel Liebe wir empfinden dürfen. Deshalb ist es für uns alle entscheidend, dass wir lernen, mehr positive Energie, mehr Erfolg und mehr Liebe zuzulassen.

Bei jeder positiven Veränderung musste ich erst lernen, in meinem Leben mehr Glück zu tolerieren. »Glück *tolerieren*?«, fragst du jetzt. Ja. Meine Fähigkeit, wunderbare Gefühle zuzulassen, musste erweitert werden. Wie ein Thermostat war sie auf das eingestellt, was ich für einen »normalen« Zustand der Erfüllung hielt. Manchmal war sie auf einige sich wirklich angenehm anfühlende Zustände eingestellt. Doch jedes Mal wenn ich einen Schritt zu mehr kreativer Erfüllung unternahm, musste ich mich dafür öffnen, mich besser zu fühlen. Es gibt bei mir ein paar Tabus, die besagen, dass ich nicht zu glücklich sein darf. Vermutlich ist das bei dir auch so. Und wenn wir uns darüber nicht im Klaren sind, fangen wir an, unbewusst unsere wunderbaren Möglichkeiten zu sabotieren. Fast immer, wenn du eine neue Höhe der Erfüllung erreichst, wirst du mit der Herausforderung konfrontiert, dich von alten Glaubenssätzen zu befreien. Damit schaffst du einen fruchtbaren Boden, auf dem neues Glücklichsein wachsen kann.

Der Remembering-Prozess hilft dir dabei, imaginäre Grenzen für deinen Erfolg zu überwinden, die du dir selbst auferlegt hast. Ob du das aus kosmischer oder neuraler Perspektive betrachtest, spielt nicht wirklich eine Rolle. Ich persönlich bevorzuge die kosmische

Sichtweise, aber beide funktionieren. In jedem Fall hilft uns der Remembering-Prozess, mehr von unserem menschlichen Potenzial zu entdecken und zu entfalten. So können wir all jene Barrieren aus dem Weg räumen, die lediglich Konstrukte unseres Verstandes sind.

Sogar das Konzept der Zeit ist ein Konstrukt. »Wir glauben, dass die Zeit während des Urknalls auftauchte, und wenn Zeit auftauchen kann, dann kann sie auch verschwinden – das ist ja lediglich der umgekehrte Effekt«, sagt Gary Gibbons, Professor für Kosmologie an der Cambridge University.

Und neue Entdeckungen im Bereich der subatomaren Teilchen erweitern unser Wissen über den Kosmos. Zum Beispiel berichtet Professor Jeff Forshaw von der Universität in Manchester über eine neue wissenschaftliche Entdeckung, die allerdings noch bestätigt werden muss. Er ist der Ansicht, dass sie es uns ermöglichen wird, zumindest theoretisch »Informationen in die Vergangenheit zu schicken«.

Aber wozu warten?

Ich erinnere mich, dass meine »Geschichten« über die Zeit und darüber, ob ich genug Zeit hatte oder nicht, sich in Wohlgefallen auflösten und dass ich von da an immer genug Zeit hatte für alles, was ich im Leben tun wollte.

Es gibt so viel, was wir über die Zeit nicht wissen, und unsere Vorstellung von ihr ist sehr zweidimensional. Mit der Zeit zu spielen, indem wir uns über unsere verwirklichten Ziele hinaus weiter in die Zukunft bewegen, wie wir es beim Remembering-Prozess tun, ist offenbar sehr wirkungsvoll. Lass uns also spielen!

Ein spielerisches Gefühl von Leichtigkeit und Offenheit

Erinnere dich daran, dass alles, was du dir wünschst, bereits in verschiedenen Entwicklungszuständen existiert. Durch krampfhaftes Bemühen und Sorge stößt du es von dir weg. Wenn du dich aber an jedem Aspekt als gleichermaßen existent erfreust und die Qualitäten der jeweiligen Entwicklungsphase bewusst wahrnimmst und genießt, ermöglicht dir das, offen zu bleiben und mit der Energie zu »sein«, die dieses Ding *im gegenwärtigen Augenblick* ist. Es ist wie beim Heranwachsen eines Kindes: Du freust dich an seiner gesamten Entwicklung und erlebst jeden seiner Schritte intensiv mit, statt es anzutreiben und an ihm zu zerren, damit es möglichst schnell erwachsen wird.

Du entwickelst die Fähigkeit, die fertige Version *jetzt* in Raum und Zeit zu erfahren und zu genießen. Wenn du dich auf die momentanen Energiestadien deiner Vision einlässt, offen und achtsam, dann kann die Energie dieser Vision, das, was du dir wünschst, tanzen, sich bewegen, gedeihen und wachsen.

Der Remembering-Prozess lässt sich mit dem Spielen von Jazzmusik vergleichen – je mehr du übst und dich öffnest, desto mehr achtest du auf die Details. Und je spielerischer du an die Sache herangehst, desto mehr kannst du die Technik des Spiels kennenlernen und verfeinern.

Das Spiel beginnt damit, dass du dir Zeit zum Üben nimmst. Ich habe zum Beispiel an diesem Buch montags, mittwochs und freitags gearbeitet, und zwar ab Mittag bis ein Uhr nachts. Ich machte es zu einer konsequenten Disziplin, mir diese Zeiten dafür freizuhalten.

Aber ich achtete auch darauf, sie so zu gestalten, dass der Prozess mir viel Freude machte und das Schreiben zu etwas Leichtem, Spielerischem wurde. Wie wir Zeit erleben, hängt davon ab, ob unser Freudezentrum oder unser Schmerzzentrum aktiviert wird. Denke daran, dass »die Zeit wie im Flug vergeht, wenn wir etwas tun, das uns Spaß macht«.

Ein Weg, in das Einheitsfeld zu gelangen, besteht darin, dass wir uns an unsere Fähigkeit erinnern, jederzeit unsere eigenen Erfahrungen erschaffen zu können. Wir können eine Atmosphäre spielerischer Kreativität erzeugen, statt in unproduktiven Zuständen, zum Beispiel Sorge, zu verharren. Steve Chandler, Autor des Buches *Fearless*, schreibt: »Wer sich Sorgen macht, missbraucht seine Vorstellungskraft.«

Remembering, also »kreatives Erinnern«, öffnet uns die Tür zu spielerischer Leichtigkeit – es ist das genaue Gegenteil zur Schwere des »Ich will, ich will«-Mangeldenkens. Diese Schwere blockiert unser kreatives Potenzial.

Als ich zu meiner Massagetherapeutin ging und ihr erzählte, dass wir dieses Buch schreiben, fragte sie: »Und was ist nun dieser Remembering-Prozess?«

»Es handelt sich um eine sehr wirkungsvolle Visualisierungsmethode«, antwortete ich. »Du gehst über das, was du erschaffen möchtest, hinaus weiter in die Zukunft und versuchst, dich an die Details des kreativen Prozesses zu erinnern.«

»Das macht Sinn, denn die Zukunft existiert bereits.«

»Genau! Zu wissen, dass das, was du dir wünschst, bereits existiert, verleiht dir Zuversicht und Energie. Jetzt musst du dich einfach spielerisch daran ›erinnern‹, wie du es bewerkstelligt hast.«

Ich erzählte ihr, dass ich meine eigene Schuhkollektion entwerfen wollte. Ich wisse zwar noch nicht, wie ich das anstellen würde, aber da diese Kollektion in der Zukunft bereits existiere, müsste ich mich einfach an die einzelnen Schritte erinnern, die zur Verwirklichung der Idee führten.

»Das bedeutet, dass diese Massagesitzung in der Zukunft bereits vorbei ist«, sagte sie lächelnd.

»Ja ... aber trotzdem möchte ich eine Massage, und zwar jetzt.«

– Joe

Remembering bedeutet, sich hier und jetzt zu freuen, als wäre unser Ziel oder das, was wir uns wünschen, bereits Teil unserer Realität. Wir können ein Einheits-Zeitfeld erzeugen, indem wir unser Gehirn ermuntern, im gegenwärtigen Augenblick Freude zu empfinden und zu spielen.

Ich erinnere mich, dass das Schreiben dieses Buches mir immer leichter fiel und immer mehr Spaß machte, je mehr es mir gelang, den Prozess anregend und erfreulich zu gestalten.

Ein anderes Beispiel: Wenn du Joe und mich dabei beobachten könntest, wie wir neue Songs entwickeln, würdest du zwei Typen sehen, die sich gemeinsam spielerisch in einen Zustand reinen Potenzials und blühender Imagination versetzen. Wir träumen groß und denken groß – und »erinnern« uns daran, mit viel Freude Großartiges zu erschaffen. Man braucht dieses kindliche Gefühl des Staunens, des Glaubens und der Neugierde. Einstein hat einmal gesagt: »Das Streben nach Wahrheit und Schönheit ist ein Gebiet, auf dem wir das ganze Leben lang Kinder bleiben dürfen.«

Der Remembering-Prozess führt uns mit sanfter Hand zum Sandkasten und Spielplatz der Realität. Das Erleuchtetste, was ich mir vorstellen kann, ist der liebevolle Tanz mit dem Unbekannten, bei dem wir danach streben, in jedem Augenblick auf seelenvolle Weise der Wahrheit Ausdruck zu verleihen. So bewegen wir uns sanft, aber mit kraftvoller Bewusstheit unserer Bestimmung entgegen.

Besser können wir unsere irdischen Pflichten nicht erfüllen. Erleuchtung heißt, jederzeit im Fluss zu sein. Es gibt kein Ende und keinen Anfang. Deshalb können wir im unendlichen *Jetzt* spielen, wo wir nichts erlangen müssen, weil wir es längst erlangt haben. Und wir können es loslassen und alles, was wir auf dem Weg zu unserem Ziel erlangen wollen, auch.

Wenn das Göttliche in uns allen wohnt, dann haben wir die Erleuchtung bereits erlangt. Der Remembering-Prozess kann uns zweifellos sehr dabei helfen, ein Leben zu leben, das vom Göttlichen in uns durchdrungen ist. Kein Mensch hat die Erleuchtung für sich gepachtet. Die großen Denker und Philosophen haben darauf nicht mehr Anrecht als du. Alles, was du dafür tun musst, ist, deine innere Göttlichkeit zu erkennen und aktiv danach zu streben, dieser Weisheit Ausdruck zu verleihen. Aber die Methode funktioniert auch, wenn du verschlossen und griesgrämig bist.

Du brauchst keinerlei metaphysischen Glauben, um wie ein Schachspieler in die Zukunft zu gehen und von dort aus deine Züge »rückwärts zu planen«. Die Schachlegende Garri Kasparow beschrieb, wie er es schaffte, seiner momentanen Situation viele Schritte voraus zu sein. »Normalerweise berechne ich drei oder vier Züge im Voraus«, sagte er. »Mehr braucht man nicht … aber ich kann auch sehr viel weiter in die Zukunft gehen, wenn das notwendig ist.«

Remembering hilft dir, eine Vorstellung davon zu entwickeln, was im Einzelnen geschehen muss, damit das gewünschte Resultat sich manifestiert. Und um in diesen »jazzigen« Zustand zu gelangen, in dem du dir dein Leben auf leichte Weise selbst erschaffst, musst du Spiellaune entwickeln. Schau Kindern beim Spiel zu. Das kann dir helfen, die Energie freizusetzen, die du brauchst, um dich für den Remembering-Prozess zu öffnen. Beobachte, wie sehr Kinder dem Leben vertrauen und wie sie die Energie von allem genießen, mit dem sie sich gerade beschäftigen, zum Beispiel »Lastwagen-Energie«, wenn sie gerade mit einem Lastwagen spielen. Mit anderen Worten, sie sind hundertprozentig einverstanden mit der inneren Welt, die sich in ihnen öffnet, wenn sie mit dem Lastwagen spielen.

Schriftsteller übten immer schon einen großen Einfluss auf mich aus. Sei es Mark Twain, Ralph Waldo Emerson oder P. T. Barnum – durch ihre Bücher wurden sie für mich lebendig. Ich liebe und schätze ihre Worte bis heute. In ihren Büchern zu lesen ist, als würde ich einen Freund aus dem Schlaf wecken, der dann voller Weisheit, Mitgefühl, Liebe und Licht zu mir spricht. Wie wunderbar wäre es, mit einem dieser Autoren zu Abend zu essen!

Heute sammle ich signierte Bücher dieser einflussreichen Autoren. Ich besitze eine Fotografie von Mark Twain, von ihm persönlich signiert. Ich besitze auch handsignierte Bücher P. T. Barnums sowie eine Sammlung von Emersons Werken.

Diese Sammlerstücke erinnern mich daran, dass diese Menschen tatsächlich gelebt haben. Wenn ich sie betrachte, wird ein Teil von mir in eine andere Zeit versetzt und sitzt sozusagen mit ihnen an einem Tisch. Ich weiß nicht, wie ich es erklären soll. Es ist sehr real. *Ich erinnere mich, dass ich mit Barnum, Tom Thumb und ihren Ehefrauen am Tisch saß und zu Abend aß. Wir unterhielten uns angeregt. Wir lachten zusammen, tauschten Geschichten aus, genossen das Essen und den guten Wein.* Für mich ist das genauso real wie die Tatsache, dass ich jetzt hier sitze und diese Worte schreibe.

Und wenn ich Biografien dieser berühmten Menschen lese, erinnere ich mich daran, dass ich sie gekannt habe. Natürlich ist es klar, dass ich keinem von ihnen je begegnet bin. Sie starben, Jahrzehnte bevor ich geboren wurde. Aber es befinden sich Beweise dafür, dass sie tatsächlich gelebt haben, in meinem Besitz. Und diese Beweise sind für mich wie Anker, die es mir ermöglichen, mich mental daran zu »erinnern«, wie ich mit ihnen sprach, von ihnen lernte und vieles mehr.

Das ist ein wertvoller Aspekt des Remembering-Prozesses: Um etwas Neues zu lernen, kann ich mich an Dinge erinnern, die in Wirklichkeit niemals stattfanden. Wer weiß, vielleicht schreibe ich eines Tages einen Roman über all diese Erinnerungen an meine Begegnungen mit Twain, Emerson und Barnum. Auf diese Weise kann ich von dem profitieren, was ich durch das Erinnern gelernt habe. Ich öffne die Tür in eine neue Dimension und entdecke Wissen, das die ganze Zeit schon dort wartete.

Diesen mentalen Prozess nutze ich auch, um in die Zukunft zu reisen – Monate oder Jahre in die Zukunft. Und in dieser Zukunft erinnere ich mich daran, was ich getan habe, um dorthin zu gelangen.

Zum Beispiel besteht, während ich diese Zeilen schreibe, mein Ziel darin, es mit meiner CD *Strut!* auf die Titelseite der Musikzeitschrift *Rolling Stone* zu schaffen. Um mir zu helfen, dieses Endresultat zu visualisieren, heuerte ich einen Grafikdesigner an, der ein Titelbild mit mir darauf entwarf und es mir mailte. Ich druckte es aus und betrachtete es jeden Tag. Das diente dazu, mein Bewusstsein auf Erfolg zu programmieren.

Aber dank des Remembering-Prozesses gehe ich heute

anders an die Sache heran: Ich stelle mir vor, dass das Heft mit mir auf dem Cover längst gedruckt und im Handel ist. Das ist schon vor Monaten geschehen, und ich denke mit Freude und Stolz an diese Erinnerung.

Ich erinnere mich, dass ich mit vielen Leuten darüber redete. Ich erinnere mich, dass Leute mich auf der Straße ansprachen und mir für das Album dankten. Ich erinnere mich, dass *Strut!* sich glänzend verkaufte und in den Album-Charts lange weit oben stand.

Ich erinnere mich an all das, weil es in der Zukunft auf irgendeine Weise real ist – in meinem Geist, in einer anderen Dimension oder einem Paralleluniversum. Es ist real, und ich erinnere mich einfach an diese Realität und rufe sie auf diese Weise ins Dasein.

Und bei meinem nächsten Treffen mit Twain, Emerson und Barnum berichtete ich ihnen von meinem Erfolg. Sie saßen da, rauchten Zigarren, grinsten breit und freuten sich mit mir. Ich erinnere mich, dass Twain fragte, was eine CD ist, und dass Emerson wissend lächelte, als Barnum erwiderte, eine CD sei eine neue Tierart, die man in Afrika entdeckt habe. Sie übe einen großen Zauber auf Kinder aus und helfe ihnen, nachts besser zu schlafen.

Ich liebe es, mich an solche angenehmen Gespräche zu erinnern!

– Joe

Grandiose, witzige und überaus verspielte Elemente in unsere Erinnerungen einzubauen stimuliert unsere Kreativität und unser höheres Denken. Wir öffnen unsere Gehirnchemie dafür, die Energie des Kosmos anzuzapfen. Zu den angenehmen Nebenwirkungen zählen: positives Denken, Glücksgefühle und Inspiration!

Wir können uns daran erinnern, dass unser Leben keine mühsame Plackerei sein muss. Wir können uns an Freude und Spontaneität erinnern. Wir können uns daran erinnern, dass diese wunderbaren Gefühle zu uns gehören und fester Bestandteil unseres Alltags sein können.

Wenn du unglücklich bist, nutze den Remembering-Prozess, um dich daran zu erinnern, wie du wieder glücklich wurdest. Wenn du bereits glücklich bist, nutze ihn, um dich daran zu erinnern, wie du noch glücklicher wurdest. Was für ein Glück ist es doch, dass Glück nicht begrenzt ist!

Jetzt haben wir eine klarere Vorstellung, worum es beim Remembering-Prozess geht, und können zum angenehmen Teil übergehen: der praktischen Umsetzung!

3. KAPITEL

DER REMEMBERING-PROZESS IN DER PRAXIS

»Zwischen Musik und höherer Mathematik besteht
eine offenkundige Verwandtschaft.
Bei beiden benötigt der, der sie praktizieren möchte,
eine lange Lehrzeit und eine nicht unbeträchtliche Begabung.
Beide, Musik und Mathematik, entspringen dem geheimnisvollen
Wirken des menschlichen Geistes.
Logik und System sind für beide unerlässlich, und doch
können sie uns zu einer Höhe der Kreativität führen,
die weit über das Mechanische hinausgeht.«

– Frederick Pratter

Als Musiker fällt es mir leicht, den Remembering-Prozess damit zu vergleichen, wie man lernt, Jazz zu spielen. Wie beim Jazz kommen auch hier spontane Einflüsse zum Tragen.

Wenn wir Musik machen, müssen wir im gegenwärtigen Moment sein, während wir gleichzeitig erschaffen, hören, fühlen und uns an Dinge erinnern, die erst noch geschehen *werden*. Man muss ganz in der Note aufgehen, die man gerade spielt, und zugleich erspüren, was noch nicht geschehen ist, aber geschehen wird. Beim Jazz erlernt man bestimmte Spieltechniken und auch, in welchen Augenblicken es gut ist, sich von aller Technik frei zu machen. Je mehr du in »die Zone des Jazz und des Erinnerns« eintrittst, desto mehr fühlst du dich zu Hause.

Außerdem gibt es beim Remembering wie im Jazz eine kollektive Kraft, die aus dem Zusammenspiel Gleichgesinnter entsteht. Man inspiriert sich gegenseitig und nutzt die Erinnerungen der anderen ebenso wie seine eigenen. Wenn du Leute finden kannst, die dafür aufgeschlossen sind, den Prozess zusammen mit dir zu erforschen, wirst du bemerken, dass sie dir »helfen«, dich an Dinge zu erinnern, die du vergessen hattest. Vielleicht sagst du: »Ich erinnere mich, dass ich mir nach Abschluss dieses Projekts einen Urlaub gönnte.« Und sie ergänzen die Details: »Oh, ja! Ich erinnere mich, dass du braun gebrannt zurückkamst.« Oder: »Ich erinnere mich, dass du mir erzählt hast, wie du bei deinem Kurzurlaub Riesenrad gefahren bist.«

Für Joe ergab sich eine interessante Gelegenheit, dies in die Praxis umzusetzen, als Jack Canfield (berühmt als Mitschöpfer von *Hühnersuppe für die Seele*) ihn einlud, auf dem Transformational Leadership Council 2012 in Kanada einen Vortrag zu halten. Das Buch war damals noch nicht erschienen, aber Joe hatte das vorläufige Manuskript Jack zu lesen gegeben. Jack gefiel es so, dass er Joe bat, einen Vortrag darüber zu halten … und Joe war nervös. Erstens war das Buch noch gar nicht fertig, und Joe hatte noch nie öffentlich über den Remembering-Prozess gesprochen. Hinzu kam, dass er seinen Vortrag vor einer Versammlung der angesagtesten Experten auf dem Gebiet der Persönlichkeitsentwicklung halten sollte. Er bekam Angst, zu versagen.

Auf der Fahrt zum Flughafen beklagte er sich bei seiner Frau Nerissa über seine Nervosität und Angst. Dann fiel ihm plötzlich ein, dass er ja schließlich eine Methode kannte, die dagegen helfen konnte – den Remembering-Prozess!

»Bist du bereit, mit mir jetzt gleich den Remembering-Prozess anzuwenden?«, fragte er Nerissa.

»Wie meinst du das? Wie soll das denn gehen?«, wollte sie wissen.

»Na ja, wir sind nicht mehr auf der Fahrt zum Flughafen ... wir kommen gerade nach Hause zurück.«

Während der restlichen Fahrt sprachen sie darüber, wie gut die Konferenz verlaufen war: wie gut es ihm dort gefallen hatte und wie die Augen des Publikums zu leuchten anfingen, als sie sich aufgeregt vorbeugten und begriffen, welche Vorzüge die Methode hatte. So änderte sich Joes ganze Energie, und er stieg voller Selbstvertrauen und Zuversicht ins Flugzeug.

Eine gute Freundin, die Künstlerin und Persönlichkeitstrainerin Ann Rea (www.artistswhothrive.com), hilft mir ständig bei meinem Remembering-Prozess, und zwar einfach, indem sie mich »Grammy Dan« nennt. Diesen Spitznamen gab sie mir, als sie erfuhr, dass eines meiner größten Lebensziele darin besteht, einen Grammy zu gewinnen. Wenn Ann mir eine E-Mail schickt, verwendet sie stets die Anrede »Grammy Dan«, und ich erinnere sie jedes Mal daran, ihr rotes Kleid bereitzuhalten, damit sie mich zur Preisverleihung begleiten kann. Hilfsbereite Freunde wie Ann können uns nicht nur helfen, unsere Ziele im Fokus zu behalten, sie können außerdem dafür sorgen, dass der Prozess Freude macht und wir den Mut nicht verlieren.

Und das Gleiche kannst du auch für andere tun! Wenn ein Mensch, den du magst, dir seine Ängste und Zweifel anvertraut, kannst du dich für ihn »erinnern«. Es kann sehr ermutigend sein, wenn jemand zu uns sagt: »Ich erinnere mich, wie gut die Sache für dich gelaufen ist.« Das ist viel wirkungsvoller als: »Ich hoffe, es wird gut laufen.« Oder: »Ich weiß, dass es gut laufen wird.« »Ich erinnere mich, wie gut es gelaufen ist« ist viel inspirierender. Diese kleinen sprachlichen Änderungen bewirken große Veränderungen in unserem Unterbewusstsein. Zweifel werden beseitigt, und wir gewinnen die Freiheit, an uns selbst und unsere Arbeit zu glauben.

Erinnere dich daran, ganz im gegenwärtigen Augenblick zu sein, und suche bewusst die »Zone des Jazz und des Remembering« auf. Du findest die Magie, wenn du dir bewusst machst, dass sie da ist und du sie jederzeit in dein Leben einladen kannst. Die Schritte, die dich zu diesem Ziel führen, kann man zwar mit Worten beschreiben, aber letztlich ist entscheidend, dass du erkennst: Die Magie gehört dir, denn sie ist ein Teil von dir. Du kannst deinen eigenen Weg in die Zone finden. Die Worte in diesem Buch sind nur Hilfsmittel, die dir den Sprung in diesen anderen Bereich deines Bewusstseins erleichtern. Und obwohl man Jazz als Methode unterrichten kann, kommt es eigentlich darauf an, die Zutaten zu studieren. So ist es auch beim Remembering.

Die Zutaten des »Remembering-Rezepts«

- Visualisieren
- Innere Blockaden und das Ego aus dem Weg räumen
- Spielerische Offenheit
- Glaube an die Einheit aller Dinge
- Glaube an die Einheit der Zeit

Diese Zutaten ermöglichen es dir, aus der aktuellen Realität in eine Welt »überzuwechseln«, in der du deine Zukunft selbst erfinden kannst. Dein Bewusstsein stimmt sich dabei auf den Ort der Mitschöpfung ein, und die Details deiner Erfindung fügen sich zusammen. Es beginnt mit kleinen Ansätzen, dann kristallisieren sich komplexere Erinnerungen heraus, aus denen schließlich Realitäten werden.

Die erste Stufe der Wirksamkeit besteht darin, deinen Erfolg für möglich zu halten. Manchmal genügt schon ein kurzer imaginärer Blick auf den möglichen Erfolg, darauf, wie er aussieht und sich anfühlt, um inneren Widerstand zu beseitigen und uns für Ideen zu öffnen, die zuvor nicht existierten. Als ich anfing, dieses Buch zu kontemplieren, ermöglichte die Vorstellung, dass es sich millionenfach verkaufen würde, einem Teil von mir, wirklich große Träume zu träumen. Dir vorzustellen, dass du einen Wettkampf oder ein Rennen gewinnst oder ein anderes Ziel erreichst, gehört zu den weit verbreiteten Visualisierungstechniken. Wenn du das mit dem Gefühl kombinierst, dich an etwas zu »erinnern«, als sei es bereits Wirklichkeit, stimuliert das andere Emotionen und ein Ideenpotenzial, das eine bloße Visualisierung nicht zu aktivieren vermag.

Wie beim Jazz sammelst du die einzelnen Elemente, gehst in diese Richtung und hältst nach Hinweisen Ausschau, die dir zeigen, wie du die Sprache erlernen kannst. Der Jazz hat seine eigene Sprache, und das gilt ebenso für den Remembering-Prozess, wobei aber Remembering viel einfacher ist als Jazz. Es genügen Offenheit und etwas Fantasie. Die universelle Zeit wird dann die Visualisierung hervorbringen, einen inneren Film, der dir zeigt, welche Schritte du unternommen hast, um an dein Ziel zu gelangen. Vielleicht empfängst du bestimmte Details, zum Beispiel einen besonderen Geruch, oder du hast einen plötzlichen Geistesblitz. Vertraue dem, was dein zukünftiges Selbst dir übermittelt, und baue darauf auf.

Worte sind wichtig, aber die wirkliche Kraft geht von deinen inneren Gefühlen und der Umwelt aus, die du erschaffst. Der Remembering-Prozess ermöglicht es dir, beides kreativ zu verändern und zu verbessern.

Eine Freundin, die vor einer Gruppe von Geschäftsleuten einen Vortrag halten sollte, war nervös und bat mich um Rat.

Ich sagte: »Warum versuchst du es nicht mit dem Remembering-Prozess?«

»Was ist denn das?«, fragte sie.

»Einfach gesagt, versetzt du dich mental in die Zukunft, in die Zeit nach deinem Vortrag, und versuchst, dich daran zu erinnern, wie es gelaufen ist«, erklärte ich ihr. »Stell dir einfach vor, der Vortrag ist schon vorbei, und du erinnerst dich an ihn.«

Man merkte ihr an, dass sie unsicher war, wie das funktionieren sollte. Also übte ich ein bisschen mit ihr.

»Okay, tun wir so, als wäre nächste Woche Montag«, begann ich. »Dein Vortrag ist vorbei, schon seit ein paar Tagen. Er ist jetzt eine Erinnerung. Erzähle mir, wie es gelaufen ist.«

Sie lächelte. »Einfach super!«

»Erzähle mir davon.«

»Ich erinnere mich nicht an alle Details, aber ich weiß, dass ich ganz ruhig war. Alle hörten mir aufmerksam zu. Ich weiß, dass ich bestens gelaunt war und ihnen tolle Informationen lieferte, mit denen sie wirklich etwas anfangen konnten. Hinterher baten alle um meine Webadresse und meine Visitenkarte.

Es war wirklich eine tolle Erfahrung. Ich erinnere mich nicht an alles, aber es lief viel besser, als ich erwartet hatte.«

»Hört sich wirklich wie ein super Vortrag an«, sagte ich. »Was noch?«

Sie war unsicher, wie sie darauf antworten sollte.

Ich fügte hinzu: »Es ist deine Erinnerung. Du bist also frei, sie ganz nach deinen Wünschen zu gestalten. Indem du dich an das Ereignis erinnerst, erschaffst du es. Wie möchtest du dich an es erinnern?«

»Als eine tolle Erfahrung«, antwortete sie.

»Dann los! Hier ist deine Chance!«

»Nun, ich glaube, ich habe gute Beispiele präsentiert, die Stimmung war leicht und spielerisch, und das Publikum war interessiert und stellte mir viele Fragen. Der Vortrag kam bestens an.«

»Exzellent. Wie fühlst du dich jetzt, wenn du an den Vortrag denkst?«

»Ich kann es kaum erwarten!«

Und so kam es dann auch: Ein paar Tage später hielt sie einen ausgezeichneten Vortrag, der begeistert aufgenommen wurde.

– Joe

Details sind wichtig

Je mehr du den Remembering-Prozess mit Details anreichern kannst, desto besser. Das sorgt für lebendige Erinnerungen, die mit Emotionen aufgeladen sind.

Stell dir vor, du beißt in eine Zitrone. Stell dir vor, wie der saure Saft hervorquillt und regelrecht auf deinen Lippen brennt und wie die Süße von der sauren Explosion in deinem Mund vertrieben wird. Läuft dir das Wasser im Mund zusammen?

Wenn du den Remembering-Prozess praktizierst, versuche, dich daran zu erinnern, welche Musik du gerade hörtest, als du erfuhrst, dass ein Verlag dein Buch herausbringen will oder dass du einen neuen Klienten gewonnen hast. Wo warst du, als dich die gute Nachricht erreichte? Hast du zu Hause Musik gehört, im Auto oder beim Joggen mit Kopfhörern im Ohr?

Hier ist ein guter Tipp für den Anfang: »Erinnere« dich daran, was du gelesen hast, als du anfingst, dein Leben und deine Bestimmung selbst zu erschaffen. Welche Schuhe hast du getragen? Hast du deine Zahnpasta gewechselt? Hast du diese toxische Beziehung beendet? Hast du angefangen, täglich einen Spaziergang zu machen?

Beziehe alle Sinne ein, besonders solche, auf die du normalerweise weniger achtest, etwa deinen Geruchssinn. Gerüche können Erinnerungen auslösen. Erinnerst du dich zum Beispiel daran, wie es in deiner Küche roch, als du dein Fitnessziel erreichtest? Musstest du dein Deodorant wechseln, weil du so viel trainiertest, dass du einen besseren Geruchsschutz brauchtest? Hast du deine *Vibram Fivefingers*-Laufschuhe oft waschen müssen, weil sie nach Schweiß rochen? Musstest du geruchshemmende Einlagen in deine Adidas legen? Achte auf lebendige Details.

Erinnerungen können sehr mächtig sein, positiv wie negativ. Angenehme Erinnerungen wecken nostalgische Gefühle, unangenehme können uns sehr blockieren. Erinnerst du dich daran, was du als Erstes getan hast, als dir klar wurde, dass du frei bist, deine Vergangenheit hinter dir zu lassen?

Akzeptiere, dass deine Erinnerungen unvollkommen sind, und lasse Änderungen, Ergänzungen und Auslassungen zu. Die unvermeidliche Weichheit und Unschärfe deiner Erinnerungen bewirken, dass du beweglich und flexibel bleibst, während traditionelle Manifestationstechniken oft eine allzu starre Fixierung auf unsere

Wünsche mit sich bringen. Der Remembering-Prozess erzeugt Offenheit, sodass wir auch anderen, besseren oder wahreren Realitäten Raum geben können.

Er erinnert mich an die Methode, die der kalifornische Architekt Frank Gehry benutzt, wenn er ein neues Bauprojekt in Angriff nimmt. Er beginnt mit einer Folge von Gesten, die an Pig Pen aus den *Peanuts*-Comics erinnert. Wenn Frank zeichnet, formiert sich das, was zunächst wie Gekritzel aussieht, zu faszinierenden Gebäuden mit schwungvollen Formen, wie sie sonst kein anderer Architekt entwirft.

Und genau danach halten wir als Erstes Ausschau – spielerische Skizzen und Entwürfe unseres wahren Lebens.

Im Kern geht es darum, dass wir eine Art Seelenmassage betreiben, bei der wir uns für bislang wenig wahrgenommene Gefühle und vage Motivationen öffnen. So gewinnen wir eine klarere Vorstellung davon, was wir eigentlich wollen, während wir unterwegs Details, die nicht wirklich zu passen scheinen, entfernen und durch andere ersetzen, die sich besser anfühlen.

Gebrauchsanweisung für den Remembering-Prozess

- Entspanne dich so gut wie möglich.
- Gehe es leicht und spielerisch an.
- Entscheide, ob du den Prozess einfach als eine völlig weltliche Brainstorming-Technik betrachten willst oder als Möglichkeit, in den universalen Einheitszustand zu gelangen. Ist er für dich

rationales Brainstorming oder ein Weg, Verbindung mit dem Göttlichen aufzunehmen? Wenn du bereit bist, zumindest in Erwägung zu ziehen, dass es um deine spirituelle Bestimmung geht, wird der Prozess dir höchstwahrscheinlich mehr Freude und Erkenntnis schenken … aber nur, wenn du dich mit diesen spirituellen Dingen wohlfühlst. Wenn sie dir Unbehagen bereiten, benutze den Prozess als Spiel … eine amüsante Technik, die dir hilft, deine Kreativität anzuzapfen. Du musst dich nicht auf einen dieser beiden »Betriebszustände« festlegen. Wenn du möchtest, experimentiere mit beiden.

- Beginne nun, dich an das gewünschte Resultat zu erinnern.
- Konzentriere dich zunächst auf die großen Ergebnisse, spiele dann mit kleineren Details. *Meine Beförderung wurde bewilligt! An diesem Tag trug ich meinen blauen Anzug. Ich aß Pfannkuchen zum Frühstück, und als mein Chef ins Büro kam, hatte er dieses Lächeln im Gesicht.*
- Folge dem Pfad deiner Gedanken und Visionen. Fokussiere dich auf die Gefühle und Erinnerungen, die sich besonders real anfühlen. Sprich deine Träume laut aus. Erinnere dich, was du in letzter Zeit getan hast, um diese Zukunft herbeizuführen, die du dir wünschst.
- Wenn du möchtest, erstelle eine Tonaufnahme der Session oder schreibe sie auf.
- Wenn du dich an mehreren Tagen hintereinander an das gleiche Resultat erinnerst, gewinnst du Klarheit über die Schritte, die dorthin führten. Wenn ich dich bitten würde, an vier aufeinanderfolgenden Tagen vor Schülern der dritten Klasse von deinen Erlebnissen zu berichten, würdest du am vierten Tag

höchstwahrscheinlich viel mehr Details nennen können als am ersten.

- Denke daran, dass du dich nicht mehr im Remembering-Prozess befindest, sobald du »willst«, dass etwas Bestimmtes geschieht. Dann mischt der Verstand sich ein, und du zweifelst, ob das, woran du dich erinnerst, real ist. Damit unterbrichst du deine Verbindung zu dem gewünschten Resultat.

Beginne mit einem Wunsch

Der Ablauf des Remembering-Prozesses ist einfach und unkompliziert.

Wünsche dir etwas – das ist der erste Entwurf. Erinnere dich dann, dass du das Gewünschte bereits erlangt hast.

Unsere Wünsche, das, was wir »haben wollen«, sind eigentlich Botschaften unseres erwachenden kosmischen Gedächtnisses. Ich möchte einen Song schreiben und dann erinnere ich mich daran, dass dieser Song existiert. Ich möchte einen Ferrari und dann erkenne ich, dass er mir bereits gehört.

Ich erinnere mich voller Freude und Nostalgie an meinen ersten Ferrari. Ich hatte mich für dieses Ziel entschieden, weil ein solcher Sportwagen ein klarer und mit viel Energie aufgeladener Archetyp in meinem Bewusstsein ist, aber ebenso auch im kollektiven Bewusstsein. Und als ich mich auf dem Weg machte, mich an meinen geliebten schwarzen Ferrari zu erinnern, war ich so weit davon entfernt, mir tatsächlich ein solches

Auto leisten zu können, dass die Manifestation meines Wunsches für mich eine enorme Erweiterung meines Realitätsbildes bedeutete.

Ich kann mich an die wunderbaren Reifen meines Autos erinnern. Ich fühlte mich mit den Designern bei Pininfarina verbunden, dem Designcenter von Ferrari. Der Wagen verkörpert eine andere Art zu denken, zu schauen und in der Wirklichkeit zu leben und er verkörpert die Reise vom jetzigen Zustand hin zum angestrebten Ziel.

Unsere Wünsche sind kleine Signale des Universums, die uns nach Hause rufen. Sie erinnern uns an unsere Fähigkeit, selbst Schöpfer zu sein wie die Schöpferarchetypen in den Religionen.

Also beginnen wir, indem wir sagen, dass wir uns etwas wünschen, und dann sagen wir stattdessen: *Ich erinnere mich.* Interessant dabei ist, dass viele Menschen beim ersten Schritt stecken bleiben. Sie haben keine Ahnung, was sie wirklich wollen. Oft hindern uns Unsicherheit und Angst daran, klar und entschlossen das Beste im Leben anzustreben. Frühere Misserfolge haben uns ängstlich werden lassen. Wir versuchen krampfhaft, eine bestimmte Zukunft herbeizuführen und verharren in unangenehmen Gefühlszuständen.

Spontanes Schreiben und Zeichnen eignen sich hervorragend, um uns innerlich für den kreativen Prozess freizumachen, sodass die zeitlose Weisheit fließen kann. Viele der besten Lehrer und Persönlichkeitstrainer empfehlen assoziatives Schreiben als Technik. Natalie Goldberg, Autorin des einflussreichen Buches *Der Weg des Schreibens*, ermutigt ihre Schüler, einfach alles aufzuschreiben, was ihnen in den Sinn kommt. Insbesondere empfiehlt sie, zehn Minuten mit dem Stift auf Papier zu schreiben, nicht in eine Tastatur zu tippen, und zwar ohne dass die Hand stillsteht – du sollst also nicht zwischendurch innehalten und überlegen, was du als Nächstes schreibst. Du hältst den Stift während der ganzen Übung immer in Bewegung. Du schreibst, ohne zu korrigieren oder etwas durchzustreichen. Damit verhinderst du, dass der innere Kritiker sich einschaltet. Es geht dabei nicht darum, brillant zu schreiben, sondern zu schauen, was spontan aus dir herausströmt. Es kann brillant sein, aber auch völliger Mist. Natalie sagt, wenn sich genug Mist angehäuft hat, wird aus dem nun kräftig gedüngten Boden eine kreative Blume erblühen. Ich hatte die Ehre, eines von Natalies Seminaren zu besuchen. Das war bahnbrechend für mein ganzes kreatives Leben! Ich kann es nur empfehlen.

Die folgende Übung kann dir dabei helfen, deine Kreativität frei fließen zu lassen.

Stell deinen Wecker und schreibe zehn Minuten lang in dein Tagebuch. Schreibe ununterbrochen und streiche keine Wörter durch. Lies nicht, was du geschrieben hast. Beginne damit, dich an deine Zukunft zu erinnern. Erinnere dich an die Details – rieche sie, fühle sie.

- Sage nicht: »Ich will einen Ferrari.« Sage: *Ich erinnere mich an den Geruch der Reifen.*
- Sage nicht: »Ich wünsche mir eine glückliche, gesunde

Familie.« Sage: *Ich erinnere mich an den Duft der schönen rosigen Haut unseres neugeborenen Babys.*
- Sage nicht: »Ich werde versuchen, einen Song zu schreiben.« Sage: *Ich erinnere mich, wie es sich anfühlte, die Einschweißfolie meiner neuen CD zu öffnen.*
- Sage nicht: »Ich möchte ein erfolgreicher Musiker sein.« Sage: *Ich erinnere mich daran, wie ich mich in meinem Blazer und meinen neuen Stiefeln fühlte, als ich zur Grammy-Verleihung ging. Ich erinnere mich an die Atmosphäre von Los Angeles – die Sonne, den dunstigen Abendhimmel.*

Wenn du dich für ein Ziel entschieden hast, ist es Zeit, den Remembering-Prozess einzusetzen, um es zu erreichen. Wie schon gesagt, handelt es sich um eine einfache Methode, die aus sechs Schritten besteht. Du kannst sofort damit beginnen:

Der Remembering-Prozess in sechs einfachen Schritten

Schritt 1: Entspanne dich

Der Zugang zur höheren Weisheit – also zu Transformation und Wachstum – beginnt mit Entspannung. Der Erfolg des Remembering-Prozesses hängt entscheidend davon ab, dass du dabei so entspannt wie möglich bist.

Eine der besten Zeiten ist der frühe Morgen, gleich nach dem Aufwachen und bevor dein innerer Kritiker aktiv wird. Du kennst diesen Kritiker – das ist diese innere Stimme, die dir einreden will, dass deine Träume Unsinn sind und du es niemals schaffen wirst. Doch zum Glück ist der Kritiker so früh am Morgen noch schlaftrunken, und du kannst anfangen, Remembering zu praktizieren, bevor er sich einmischt.

Es ist sehr effektiv, den Prozess zu beginnen, bevor du am Morgen mit irgendjemandem gesprochen hast. Wenn du anfängst, dich mit anderen zu unterhalten, E-Mails abzurufen und deine übliche Tagesroutine abzuspulen, erwacht dein soziales Selbst. Aus genau dem gleichen Grund raten viele Künstler zu Schreibübungen am frühen Morgen. Ist erst einmal dein Ego aufgewacht, während du deinen diversen Alltagsrollen und -aufgaben nachkommst, stellen sich leicht Zweifel und Unsicherheit ein.

Hier stelle ich dir noch einige andere Methoden vor, wie du in einen Entspannungszustand gelangen kannst:

Meditiere. Wenn du noch nicht weißt, wie du dich in einen meditativen Zustand versetzen kannst, versuche es mit einer *geführten Fantasiereise*. CDs mit solchen Fantasiereisen findest du in großer Auswahl bei iTunes und Amazon. Gib dort die Suchbegriffe »Fantasiereise« oder »geführte Meditation« ein. Oder du legst entspannende Instrumentalmusik auf, setzt oder legst dich bequem hin und wählst einen einfachen Fokus, auf den du dich konzentrierst – eine brennende Kerze eignet sich sehr gut dafür. Dann lässt du es einfach geschehen, dass dein Geist klar und ruhig wird.

Verbringe Zeit allein in der Natur. Unternimm einen langen Naturspaziergang. Das ist in sich schon eine Form von Meditation. Die Natur besitzt ihren eigenen Kalender. Es ist am besten, wenn du dabei allein bist, weil die Gegenwart eines anderen Menschen – auch wenn ihr euch sehr mögt und nahesteht – deine Wahrnehmung färbt und verändert.

Verwende geführte Entspannungstechniken. Bei solchen geführten Entspannungsübungen spannst du jede deiner Muskelgruppen zunächst an und entspannst sie dann. Das hilft, dir der Anspannung in deinem Körper bewusst zu werden und sie zu lösen. Texte hierzu findest du in Büchern. Du kannst sie selbst in ein Aufnahmegerät sprechen und dir vorspielen. Oder du verwendest fertige Entspannungs-CDs. Es geht aber auch ohne Ansagetext. Du beginnst einfach am Kopf (Stirn, Augen, Ohren) und nimmst dir nacheinander jede Partie deines Körpers vor bis zu den Zehen. Spanne die Muskeln für fünf Sekunden an. Dann entspannst du sie und gehst zur nächsten Körperpartie weiter.

Konzentriere dich auf deinen Atem. Es gibt eine einfache Methode, mit der du dich schnell entspannen kannst: Du musst nichts weiter tun, als dich auf das Fließen deines Atems zu konzentrieren. Dabei sollte das Ausatmen länger dauern als das Einatmen und wie ein langer Seufzer sein. Versuche, beim Einatmen bis vier zu zählen und beim Ausatmen bis acht. Wiederhole diesen Atemzyklus so lange, bis du dich angenehm ruhig und geerdet fühlst.

Gönne dir etwas, das wohltuend ist und dir Freude macht. Nimm ein Bad. Trinke in Ruhe eine köstliche Tasse Kräutertee. Lasse dir die Schultern oder Füße massieren. Mache ein paar befreiende Streck- und Dehnübungen. Male mit bunter Kreide. Höre dir eine CD mit schönen Klängen aus der Natur an – Vogelgesänge, Meeresrauschen und dergleichen. Es gibt keine falsche Art, sich zu entspannen. Finde etwas, das dir guttut, und beginne damit.

Dabei kommt es nicht auf Perfektion an. Es geht nur darum, dass du dich hinterher ruhiger und entspannter fühlst als zuvor. Schon bald kannst du dich dann »erinnern«, wie du immer entspannter und gelassener wurdest.

Wähle für deine Übungen einen Ort, wo du allein und ungestört bist. Setze dich in einer meditativen, gut geerdeten Haltung bequem hin. Atme und entspanne dich für ein bis zwei Minuten. Sei ganz in der newtonschen Gegenwart.

Schritt 2: Sei einverstanden mit dem gegenwärtigen Augenblick

Das innere Einverständnis mit dem gegenwärtigen Moment ist der Dreh- und Angelpunkt der Remembering-Methode.

Ich stimme bewusst der Tatsache zu, dass *ich jetzt hier bin* – dass das, was ich »in mein Leben erinnere«, mit genau diesem Moment als Ausgangspunkt verbunden und in Harmonie ist. Leider versuchen wir oft, unser Leben von dem wegzubiegen, was hier und jetzt existiert. Doch nur wenn wir den gegenwärtigen Augenblick voll und ganz akzeptieren, kann die Zeit sanft fließen und uns in eine andere Zukunft tragen.

Es gibt das *Jetzt*, wie wir es kennen.

Hier ist es.

Bevor du bei anderen Realitäten an Bord gehen oder diese hier verändern kannst, musst du einverstanden sein mit dem, was gegenwärtig ist. Sage dir: *Ich bin jetzt hier und hier soll ich sein. Das ist ein notwendiger Schritt auf meinem Weg, und ich werde Freude darin finden und harmonisch damit zusammenarbeiten. Ich muss nicht überstürzt aus dieser Realität flüchten. Ich bin immer zur richtigen Zeit am richtigen Ort.*

Schritt 3: Spiele, vertraue und beobachte

Gehe spielerisch mit dem Prozess um und beobachte das Geschehen fasziniert wie ein Vogelliebhaber, der leidenschaftlich Vögel in der freien Natur beobachtet.

Der menschliche Geist *liebt* es, mit Raum, Zeit und Realität zu spielen. Du begibst dich dabei in einen Bereich, den du möglicherweise seit der Kindheit nicht mehr aufgesucht hast. Erinnerst du dich, wie leicht es dir als Kind fiel, Geschichten zu erfinden? Du hast mit deinen Freunden »so getan, als ob«. Ihr habt euch Geschichten über kranke Tiere oder Reisen in den Weltraum ausgedacht und seid spielerisch in die entsprechenden Rollen geschlüpft. Oder du hast Zeit mit imaginären Spielkameraden verbracht. Erinnerst du dich, wie real sich diese imaginären Erlebnisse damals anfühlten?

Wenn wir älter werden, vergessen wir, wie man mit seiner Fantasie spielt. Wir hören damit auf, diese wundervollen Geschichten zu erfinden. Man sagt uns, wir müssten in der Wirklichkeit leben und lernen, dass zwei plus zwei vier ergibt und Gras grün ist und nicht lila. Aber was wäre, wenn wir all das Gelernte ausradieren und unserem Geist die Freiheit schenken, wieder zu glauben, was er glauben möchte, wenigstens für eine kleine Weile?

Versetze dich in einen entspannten, offenen Zustand und gestatte es deinem Geist, frei über das nachzusinnen, was du gerne erreichen möchtest. Vertraue den Bildern, die dabei vor deinem inneren Auge entstehen. Wenn dir das hilft, halte Papier und Stift bereit, um zu schreiben oder zu zeichnen.

Es handelt sich um ein inspiriertes Brainstorming, das es dir ermöglicht, in einen tieferen Zustand entspannten Beobachtens zu gelangen. Erlaube es deinem Geist einfach, der Fantasie freien Lauf zu lassen oder im Unterbewusstsein nach Ideen zu suchen. So erhältst du Anregungen, was als Nächstes zu tun ist. Bleibe eine Weile in diesem spielerischen Zustand und vertraue auf das, was du dabei siehst.

Auf der I CAN DO IT!-Konferenz in Austin im Jahr 2013 präsentierte ich eine Imaginationsmethode, die dir bestimmt viel Freude machen wird. Sie kann dir helfen, den Remembering-Prozess wirklich zu verstehen, sodass du ihn sofort einsetzen kannst. Es geht darum, dass du deine Fantasie nutzt, um dich auf spielerische Weise in das universale Zeitfeld zu versetzen. Das funktioniert so:

Bei meinem Vortrag erklärte ich, dass Wissenschaftler immer mehr Planeten entdecken und dass nun auf einem dieser Planeten Leben nachgewiesen werden konnte. Als die Wissenschaftler sich diesen Planeten genauer ansahen, stellten sie fest, dass er mit unserem identisch ist.

Mit anderen Worten, sie hatten eine zweite Erde entdeckt. Es gibt dort den gleichen Sauerstoffgehalt in der Luft, die gleichen Kontinente, die gleiche Atmosphäre, und die Bewohner sehen genauso aus wie wir. Das bedeutet, dass es auf dieser »Anderen Erde« auch ein anderes Du gibt, das genau wie du aussieht, das gleiche Temperament, die gleichen Gene und den gleichen Lebensstil hat.

Aber es gibt einen entscheidenden Unterschied.

Auf dieser »Anderen Erde« spielt sich alles sechs Monate in der Zukunft ab. Das heißt, dass alle Probleme, über die du dir momentan Sorgen machst, dort gelöst sind. Dein zukünftiges Selbst hat bereits eine Lösung gefunden. Die Dinge, von denen du gerne möchtest, dass sie geschehen sollen, sind auf der »Anderen Erde« schon Wirklichkeit.

Ich sagte meinen Zuhörern, dass das eine sehr gute Nachricht ist. Ich sagte: Ihr müsst nur noch die Zukunft besuchen und fragen, wie ihr euren Wunsch manifestiert oder das Problem gelöst habt. Scherzhaft sagte ich, dass Richard Branson schon eine Fluglinie gegründet hat, mit der wir zu der »Anderen Erde« fliegen können. Aber dass wir natürlich ebenso mit unserem zukünftigen Selbst skypen und es fragen können, wie es die aktuellen Herausforderungen gemeistert hat.

Auch du kannst das jetzt sofort tun. Du musst dich nur auf diese spielerische Übung einlassen. Stell dir vor, es gäbe diesen anderen Planeten wirklich. (Und wer kann denn schon wissen, ob es ihn nicht gibt!) Gib vor, es existiere ein zukünftiges Du, mit dem du Kontakt aufnehmen kannst. Probiere es gleich einmal aus.

Schließe die Augen und beginne den spielerischen inneren Dialog. Du kannst dabei nichts falsch machen. Du hast einfach Spaß und lässt dich von deiner Kreativität leiten. Stell der Zukunft deine Fragen und lasse die Antworten kommen.

Wenn du magst, schreibe auf, was du erlebst. Das liest sich dann beispielsweise so:

Ich: Wie habe ich es endlich geschafft, die perfekte Partnerin in mein Leben zu ziehen?

Zukünftiges Selbst: Als du aufhörtest, dich so krampfhaft zu bemühen, und dich stattdessen darauf konzentriertest, mit dir selbst glücklich zu sein, wurde es ganz einfach.

Der entscheidende Gedanke dabei ist, dass dein »zukünftiges Selbst« sich erinnert, wie es die Probleme löste, die deinem gegenwärtigen Selbst zu schaffen machen. Und dann schaust du, was du mit dem Rat anfangen kannst.

Diese kleine Übung wird dir helfen, dein Bewusstsein zu erweitern. Du wirst erkennen, dass dein zukünftiges Selbst und dein gegenwärtiges Selbst sich auf der gleichen Zeitlinie befinden. Indem du das zukünftige Selbst auf der »Anderen Erde« besuchst, öffnest du dich für deine Kreativität – für dein kreatives Selbst sechs Monate in der Zukunft, wo für alle deine gegenwärtigen Probleme und Wünsche bestens gesorgt ist.

– Joe

Sei bereit, Ungewissheit zuzulassen. Sei offen für das, was dir wie zufällig in den Sinn kommt, und vertraue darauf. Es kann Unsinn dabei sein – vertraue trotzdem. Es kann dir aber auch Weisheit übermittelt werden, die für sich selbst spricht.

Ich empfehle dir, das, was deine innere Führung dir mitteilen möchte, in dein Tagebuch zu notieren oder es in einer Zeichnung festzuhalten. Du kannst auch eine Mindmap anfertigen. Das ist eine Methode, bei der du deine Gedanken in Form von Diagrammen darstellst. Du schreibst deine zentrale Idee in die Mitte des Blattes und zeichnest dann Zweige, auf die du deine mit dieser Idee verknüpften Gedanken notierst. Aus den Gedanken, die dir besonders vielversprechend erscheinen, lässt du weitere Zweige mit daran anknüpfenden Gedanken sprießen. Beispiele für solche Diagramme findest du auf der Webseite www.mindmapping.com (auch in deutscher Sprache). Mit der Zeit wird es dir immer schneller und besser gelingen, hilfreiche Gedanken und Bilder zu finden und auf diese aufzubauen.

Wenn du beginnst, deine spielerischen »Erinnerungen« so zu

betrachten, als ob sie geschehen wären, wirst du dich immer mehr für die Möglichkeit öffnen, dass sie wirklich Bestandteil deiner Realität sind. Und dass sich viele deiner »imaginären Erinnerungen« später, wenn du mit dem Remembering-Prozess Fortschritte gemacht hast, tatsächlich in Raum und Zeit ereignen werden, ist sehr wahrscheinlich. Das wird dich mit einer tiefen, ruhigen Zuversicht erfüllen. Doch konzentriere dich zunächst einfach darauf, die »vorstellbare« Realität vor deinem inneren Auge entstehen zu lassen. Damit wirst du deine Vorstellung davon, was möglich ist, viel schneller und stärker erweitern als mit jeder anderen Methode, die ich ausprobiert habe.

Schritt 4: Verwende Erinnerungshilfen

Schaffe dir, statt dich ausschließlich auf deine Vorstellungskraft zu verlassen, materielle Erinnerungshilfen, die dazu beitragen, deinen geistigen Fokus aufrechtzuerhalten. Erinnerst du dich, dass Joe einen Grafikdesigner beauftragte, ein Cover des *Rolling Stone* mit ihm darauf zu gestalten? Beschaffe auch du dir Dinge, die du während des Tages anschauen und anfassen kannst, als Erinnerung an dein Remembering-Projekt. Sorge dafür, dass deine Vision sich für dich so real wie möglich anfühlt.

Im Jahr 1990, als Jim Carrey noch ein unbekannter, sich mühsam durchs Leben schlagender Schauspieler war, schrieb er sich einen Scheck über 10 Millionen Dollar. In die Memozeile notierte er »Schauspielerhonorar« und datierte den Scheck auf fünf Jahre in die Zukunft. Jim wandte also, ohne sich dessen bewusst zu sein, den Remembering-Prozess an – er reiste in die Zukunft und erinnerte sich daran, dass ihm 10 Millionen Dollar Gage für eine Filmrolle gezahlt worden waren. Und um sich in der Gegenwart an diese Zukunft zu erinnern, stellte er sich symbolisch den Scheck aus, den er von da an ständig in der Brieftasche trug. 1995, fünf Jahre später, übertrafen seine Einkünfte bei Weitem die auf dem Scheck eingetragene Summe. Er hatte Hauptrollen in mehreren Kinoschlagern gespielt, und inzwischen erhielt er 20 Millionen Dollar für jeden neuen Film.

Der Scheck war für ihn der greifbare Beweis dafür, dass seine Erinnerung real war. Welche Möglichkeiten hast du, um dir einen ähnlichen sichtbaren Beweis zu schaffen, den du anschauen und in die Hand nehmen kannst? Werde kreativ – wenn du dich daran erinnern möchtest, dass du stolzer Besitzer deines Traumhauses bist, lass dich vor einem Haus fotografieren, das diesem Traum möglichst nahekommt. Schaue dir im Internet oder in Einrichtungshäusern an, womit du dein Traumhaus ausstatten möchtest. Zeichne auf, wie dein Garten aussehen soll. Hole dir bei der Post das Formular für eine Adressänderung. Fahre in die Stadt, in der du gerne wohnen möchtest, gehe dort zum Friseur und kaufe ein.

Wenn es dein Wunsch ist, einen Oscar zu gewinnen, suche dir Kleid oder Anzug aus, die du bei der Verleihung tragen willst. Schreibe deine Dankesrede. Sammle Fotobeispiele für deine Frisur an diesem Abend. Sammle so viele Beweise oder Erinnerungshilfen wie möglich dafür, dass deine Erinnerung real ist.

Es ist einer Visionstafel nicht unähnlich – einem selbst hergestellten Poster, auf dem die Dinge abgebildet sind, die du in deinem Leben manifestieren möchtest –, jedoch mit einem Unterschied: Ich möchte, dass du *dich selbst* in das Bild hineinnimmst. Mit anderen Worten, häng nicht einfach nur Fotos deines Traumautos auf. Gehe zu einem Autohändler, mache eine Probefahrt mit diesem herrlichen Wagen und nimm jemanden mit, der dich am Steuer fotografiert. Schneide nicht einfach nur die Worte »*New York Times*-Bestsellerliste« aus der Zeitung aus. Tippe die Liste ab und setze dein Buch auf Platz eins! Bringe dich möglichst klar als Person ein, um deinem Verstand zu zeigen, dass du dir diese Dinge nicht einfach nur »wünschst«; du besitzt sie bereits. Du hast dir deine Träume an einem Punkt in der Zukunft längst erfüllt und kannst es dir beweisen.

Schritt 5: Wage den Sprung ins Quanten-Remembering – den Einheitszustand

»Bei meinen Liveauftritten ist es fast immer so, dass ich mich ab einem bestimmten Punkt vergesse. Es gibt einen inneren Kampf und eine Phase starker Gehemmtheit, aber dann kommt der Punkt, an dem ich mich selbst vergesse und ganz in der Musik aufgehe. Während ich spiele, gibt es ein Muster, dass ich mich durch etwas hindurchkämpfen muss, und dann schaffe ich mit einer Kombination aus Willenskraft und Loslassen den Durchbruch. Das ist für mich das Schönste: ›Ah, jetzt ist er weg!‹«

– David Torn, Musiker und Grammy-Preisträger

Dieser Schritt ist optional, aber wenn du willst, kannst du hier auf den Kosmischen Quanten-Express aufspringen und dich für das

Einheitsfeld öffnen, eine Existenzebene, wo alles mit allem verbunden ist – wo jeder Song, den du jemals schreiben wirst, bereits geschrieben ist, jedes Buch und alle seine Fortsetzungen bereits gedruckt sind und alles, was du sagen wirst, an einem Ort in der Zeit schon gesagt ist.

Auch wenn du dir wegen deines inneren Kritikers nicht wirklich Sorgen machen musst, kann es doch manchmal vorkommen, dass dein Ego und dein Nervensystem zu aktiv und aufgeregt sind, wodurch es dir dann nicht gelingt, in diese andere Dimension einzutreten. Es ist ein Schritt von der Erde weg – aus deinem Alltagsbewusstsein in eine andere Realität. Der gegenwärtige Augenblick wird perfekt, so wie er sein sollte, weil du dich an ihn als einen Schritt auf dem Weg zu deinem Ziel erinnerst. Wenn du in diese andere Ebene eintrittst, existiert alles gleichzeitig.

Es gibt ein großartiges Meditationsbuch mit dem Titel *Retreat – Zeit für mich: das Dreitageprogramm*. Der englische Originaltitel dieses Buches von Sylvia Boorstein lautet übersetzt »Tue nichts und setz dich hin«. Manchmal ist das *Sein* wichtiger als das *Tun*. Natürlich müssen wir die richtige Balance zwischen beidem finden. Aber viele Leute verbringen ihr ganzes Leben mit Tun, Tun, Tun und vergessen darüber, sich Zeit für das Sein zu nehmen. Es ist schwer, Verbindung zu dem Göttlichen Schöpfer in uns aufzunehmen, wenn wir uns nie die Zeit nehmen, nach ihm zu suchen.

Um in den Einheitszustand zu gelangen, musst du nichts machen und tun. Du musst dir einfach nur Raum geben, zu glauben. Es geht darum, genug Entspannung und Glauben zu finden, sodass du voller Dankbarkeit den göttlichen Aspekt in deinem Inneren berühren kannst. Versuche, das Folgende zu dir selbst zu sagen:

Das ist mein perfekter Augenblick. Ich bin genau dort, wo ich jetzt sein soll. Meine Vergangenheit, Gegenwart und Zukunft sind miteinander verbunden. Es erfüllt mich mit Zuversicht, dass ich irgendwo auf dieser Existenzebene bereits alles erreicht habe, was ich mir wünsche. Ich führe mein schönstes Leben und ich erinnere mich, dass ich alles habe, was ich brauche, und alles, was ich mir wünsche. Es gibt nichts, was ich mir noch wünschen könnte, denn ich habe es bereits. Ich bin der einzige Mensch, der dieses Leben auf bestmögliche Weise leben kann. Und ich lebe es mit Vertrauen, Liebe, Offenheit und Kreativität. Ich überwinde meine Zukunftsängste. Jeden Tag kommt Gutes zu mir.

Schritt 6: Sammle die Schnipsel

Wenn du darauf wartest, dass dein kreatives Projekt oder die Lösung für dein Problem sich beim Remembering-Prozess fix und fertig manifestiert, ist Frustration unvermeidlich. So *kann* es nicht funktionieren. Vielmehr wirst du kleine Schnipsel und »Puzzleteile« empfangen, die dich Stück für Stück weiterbringen. Ein inneres Bild, ein paar Worte, eine kleine Melodie.

Wenn du glaubst, du müsstest beim Remembering alles Mögliche beachten und richtig machen, blockierst du den Fluss der Informationen, weil du dich verkrampfst und Angst vor Fehlern hast. Stattdessen solltest du jeden kleinen Informationsschnipsel, jeden Hinweis anerkennen und wertschätzen, der dir während der Remembering-Praxis zufließt. Benutze diese Schnipsel als Anregungen, die du weiterverfolgst, so wie Stichworte beim Brainstorming.

Vergiss nicht, dass du immer noch deine Arbeit tun musst. Wenn du versuchst, dich zu »erinnern«, dass du ein Buch geschrieben hast, und sich daraufhin einige großartige Einfälle einstellen, warte nicht auf mehr. Damit blockierst du deine Energie. Sammle diese »Ideenschnipsel« und fange an, dein Buch zu schreiben! Praktiziere dabei weiterhin den Remembering-Prozess – zum Beispiel kannst du dich jeden Abend daran »erinnern«, was du am folgenden Tag schreiben wirst. Wenn du den Prozess oft und regelmäßig praktizierst, wird er dir mit der Zeit immer leichter fallen. Aber berausche dich nicht so sehr an den Ideen und inneren Bildern, dass du darüber die praktische Anwendung der empfangenen Informationen vergisst. Sonst hast du nur eine Sammlung lustiger »Erinnerungen«, kommst aber im wirklichen Leben nicht weiter.

Den Remembering-Prozess praktisch anwenden

Hier sind ein paar Übungen, die dir helfen, Verbindung mit deinem höheren Selbst aufzunehmen und, von der gewünschten Zukunft ausgehend, »rückwärts« zu denken. Um optimalen Nutzen aus den Übungen zu ziehen, solltest du dich vorher so gut wie möglich entspannen. Nutze hierfür die Tipps weiter oben in diesem Kapitel. Einfach nur die Übungen zu machen wird sich bereits sehr positiv auf dein Denken auswirken. Wenn du sie um das Element des Betens oder der Kommunikation mit einer höheren Macht erweiterst, werden sie dir noch wirkungsvoller dabei helfen, wunderbare Resultate zu erzielen.

Eine positive Einstellung und Freude sind die wichtigsten Zutaten. Das sind die optimalen Zustände, um Verbindung zu deinen Träumen aufzunehmen. Der Zauber dieser Methode, dich an deine

Vision als bereits verwirklicht zu erinnern, liegt darin, dass Zweifel ausradiert werden, was es dir ermöglichen wird, dein Vorhaben relativ leicht und mühelos in die Tat umzusetzen. Unsere Zweifel und die Angst zu versagen sind es, die so viele wertvolle kreative Projekte im Keim ersticken.

Erinnere dich an deine Beerdigung

> *»Hier ruht Daniel Barrett. Ehemann, Vater, Freund, Künstler, Produzent, Unternehmer und Philanthrop.«*

Das mag schockierend wirken, aber ein Weg, den Remembering-Prozess einzusetzen, besteht darin, zu deiner eigenen Beerdigung zu gehen. Diese Übung eignet sich nicht für jeden, denn manche Menschen werden sie als verstörend und beunruhigend empfinden. Manchmal ist sie aber genau das, was du brauchst, um zu deinem höchsten Selbst zu erwachen. Deinen eigenen Nachruf zu schreiben ermöglicht es dir, das Leben genau so wertzuschätzen und zu ehren, wie du es erschaffen hast. Du kannst dabei auf den gegenwärtigen Augenblick aus der Perspektive deines gesamten Aufenthalts auf Erden zurückblicken.

> *Das Jahr, in dem Daniels erstes Kind zur Welt kam, brachte eine Reihe von tiefen Einsichten über Verbundenheit, Motivation und Absicht. Die Projekte, die er in jenem Jahr in Angriff nahm, waren überaus erfolgreich, sodass er gut für seine Familie sorgen konnte und auch darüber hinaus viele Menschen von*

seiner kreativen Arbeit profitierten. Sein gesunder, großzügiger und froher Lebensstil und sein Wohlstand waren eine Quelle der Inspiration für viele.

Male dir das, was du gegenwärtig gerne manifestieren möchtest, so detailliert wie möglich aus. Beschreibe bei dieser Übung in allen Einzelheiten, wie du sämtliche Herausforderungen gemeistert und dir deine Träume erfüllt hast. Schon allein dass du im wertschätzenden, liebevollen Ton eines Nachrufs einen Text über dich selbst schreibst, wird dein Herz mit positiver Energie erfüllen. Bearbeite den Text so lange, bis du ihn wirklich klar und angemessen findest, ganz so, wie du es auch tun würdest, wenn man dich bittet, einen Nachruf für einen Menschen zu verfassen, den du sehr mochtest. Lasse dein zukünftiges Leben rückwärts Revue passieren, bis du im aktuellen Kalenderjahr angekommen bist. Beschreibe, wie du konsequent alle Schwierigkeiten überwunden und deine Ziele verwirklicht hast.

Schreibe einen zukünftigen Tagebucheintrag

Datiere dein Tagebuch in die Zukunft. Wenn du die Nachrufübung zu ernst oder unbehaglich findest, schreibe stattdessen einfach einen Tagebucheintrag oder gleich eine Serie von Einträgen über deine »zukünftige Vergangenheit«. Beschreibe detailliert deine klugen Entscheidungen und Problemlösungen.

Dass sich, während du schreibst, ein Teil deines Verstandes mit Zweifeln zu Wort meldet, ist völlig normal. Bleibe trotzdem dabei, dich an deine Erfolgserlebnisse zu erinnern. Wage es, deine Zweifel über Bord zu werfen, Neuland zu betreten und spielerisch mit dieser Tagebuchübung zu experimentieren!

Entwerfe einen Glückwunsch

Schreibe dir einen Brief, in dem du dich überschwänglich zu deinen Erfolgen beglückwünschst. Schildere lebhaft und anschaulich, wie du es geschafft hast. Damit umgehst du wirkungsvoll das bereits erwähnte »Problem der oberen Grenze«, das dich daran hindern könnte, noch viel größere Erfolge zu erzielen, als du es dir ursprünglich vorzustellen vermochtest. Beschreibe deine inneren Eigenschaften, die es dir ermöglicht haben, mit Stärke und Zielstrebigkeit deine Wünsche zu verwirklichen. Hier ist mein Brief:

Liebes Zukünftiges Ich,
Ich bin ja so stolz auf dich! Das war wirklich ein unglaubliches Jahr! Ich hoffe, du gönnst dir jetzt einen schönen Urlaub, denn den hast du dir wirklich verdient.

Herzlichen Glückwunsch zu deinem wunderschönen Baby. Es ist bewegend, dich in der Rolle des Vaters zu erleben. Du bist liebevoll, sanft, aufmerksam und verantwortungsbewusst.

Schon mit Andi, deinem ersten Kind, lief alles wunderbar, aber jetzt bist du zu einem noch tieferen Grad der Verbundenheit gelangt. Die Freude des Familienlebens umgibt dich.

Es war zu erwarten, dass die Erfolgsgeschichte von Rubicon Artist Development weitergehen würde. Aber niemand konnte vorhersehen, dass deine Einnahmen, die Teilnehmerzahlen und die Erfolge der Absolventen so beeindruckende Ausmaße annehmen würden. Du bist zu einer wichtigen Größe in der Musikszene und der Geschäftswelt von Austin geworden. Dein scharfer Blick für Details half dir, die strategischen Partnerschaften zu entwickeln, ohne die dieser enorme Erfolg nicht möglich gewesen wäre. Und mit deinem ansteckenden Optimismus konntest du exzellente Mitarbeiter für dein Team gewinnen.

Wenn man dann noch den Erfolg von Das Remembering-Geheimnis *hinzunimmt, ist dieses Jahr wirklich ein Meilenstein für dich! Deine Finanzen haben sich phänomenal entwickelt, und du legst einen Teil deiner Profite sehr klug in Immobilien hier in Austin an. Da du dein Geld so exzellent verwaltest und investierst, konnte in diesem Jahr noch mehr Wohlstand in dein Leben strömen.*

Glückwunsch zu deiner Arbeitsdisziplin und dem faszinierenden kreativen Aufgabenfeld, das du dir geschaffen hast. Es ist eine Freude mitzuerleben, wie gut du die Details deines Lebens managst. Alles wirkt bei dir so entspannt und unangestrengt, und ich bin sicher, dass du dich wunderbar fühlst.

Etwas, wozu man dich auch beglückwünschen kann, ist deine gute Gesundheit. Du bist sportlich und energiegeladen wie nie. Dich all diese Klimmzüge machen zu sehen ist klasse! Immerhin standen sie so lange auf der Liste deiner wichtigen Ziele.

Ich ziehe meinen Hut vor dir. Gut gemacht!

In Liebe von deinem besten Freund
Mir

Schreibe einen Artikel

Schreibe einen Zeitungsartikel, eine Radioreportage oder einen Podcast über dich und deine Erfolge. So wie Jim Carrey diesen 10-Millionen-Dollar-Scheck bei sich trug, solltest du etwas aufschreiben, das dir hilft, dir deine ideale Zukunft so lebhaft wie möglich zu vergegenwärtigen. Wenn die vorherigen Übungen dir ein bisschen peinlich waren, fällt dir bei dieser das »Prahlen« vielleicht leichter, denn du schreibst ja aus der Perspektive eines Dritten, nämlich eines fiktiven Journalisten. Konzentriere dich in dem Artikel auf drei bis fünf der wichtigsten Faktoren für deinen Erfolg. Fasse dich kürzer als in den bisherigen Übungen. Schildere knapp und präzise, wie du deinen Erfolg herbeigeführt hast, ohne zu sehr ins Detail zu gehen. Spare auch hier nicht mit Lob für deine Leistungen!

Wann man den Remembering-Prozess nicht praktizieren sollte

Die Schritte 1 bis 4 lassen sich jederzeit als Hilfsmittel zum Nachdenken und Problemlösen nutzen, Schritt 5 (»Sprung ins Quanten-Remembering«) solltest du nur praktizieren, wenn du gut geerdet und innerlich ruhig bist und dich gesundheitlich wohlfühlst. Wenn man hungrig, wütend, einsam oder müde ist, ist es sehr schwer, sich in das Einheitsfeld der Raumzeit zu versetzen.

Dich, deinem Körpertyp und Aktivitätslevel entsprechend, gut zu ernähren sorgt dafür, dass dein Körper und dein Gehirn optimal funktionieren und du emotional ausgeglichen bist. Wut erzeugt einen abwehrenden, verschlossenen Geisteszustand. Sie aktiviert dein »Reptiliengehirn« – das prähistorische Gehirn, das immer nur kämpfen oder fliehen will. Sicherlich ist es menschlich und normal, von Zeit zu Zeit wütend zu werden, doch du solltest diese Emotion auf gesunde Weise ausdrücken und verarbeiten, bevor du höhere Bewusstseinszustände aufsuchst.

Bei der Remembering-Methode geht es darum, dass du dich öffnest und im Streben nach deinem höchsten Leben und Selbst Verletzlichkeit zulässt. Dazu ist es notwendig, sich vom dualistischen Denken zu lösen, zumindest vorübergehend. Dualität meint jegliche Art des »Entweder-oder«-Denkens. Dieses Denken bewirkt, dass du Möglichkeiten nicht erkennst und dazu neigst, die Dinge in einem negativen Licht zu sehen. Wenn du denkst, bei deinen Wünschen ginge es um ein »Entweder-oder«, sagst du Dinge wie: »Ich möchte sehr gerne meinen Leidenschaften folgen, aber ich will auch finanzielle Sicherheit.« Doch selbstverständlich kannst du beides haben. Ersetze einfach das *Aber* durch ein *Und*: »Ich möchte meinen Leidenschaften folgen *und* ich will finanzielle Sicherheit.«

Wenn du einsam bist, ist es wichtig, dass du Freundschaften aufbaust und pflegst. Um glücklich zu sein, brauchen wir ein gewisses Maß an gesunder sozialer Verbundenheit. Wenn du einsam bist und es dir schwerfällt, positive Menschen in dein Leben zu ziehen, kann es dir helfen, die ersten drei Schritte des Remembering-Prozesses zu nutzen, um dir gesunde zwischenmenschliche Beziehungen aufzubauen.

Außerdem sind, um Körper und Geist gesund zu erhalten, ausreichende Erholungsphasen unverzichtbar. Wenn du ausgeruht bist, fällt es dir viel leichter, in einen offenen Einheitszustand zu gelangen. Auch hier kannst du die Schritte 1 bis 4 nutzen, um dir – indem du dich daran »erinnerst« – leicht und mühelos ein Leben zu erschaffen, das dir ein ausgewogenes Maß an Ruhe und Erholung ermöglicht.

Wenn du das Gefühl hast, Hilfe bei der Bewältigung deiner Probleme zu benötigen, solltest du über eine Therapie nachdenken. Ich gehe seit mehreren Jahren einmal wöchentlich zu einer Psychotherapie. Ich führe zusammen mit der Frau meiner Träume ein glückliches Leben und habe viele Freunde. Ich bin mit genug Geld gesegnet, sodass ich meinen Lebensunterhalt bestreiten *und* mir auf leichte, spielerische Weise Wünsche erfüllen kann. Ich liebe mein Leben sehr. Dass ich dennoch regelmäßig zu einem Therapeuten gehe, dient dazu, mein Bewusstsein stets auf dem höchsten, friedlichsten und bewusstesten Level zu halten. Wie der Ferrari, der irgendwo in meinem Feld existiert, bin ich von Natur aus sensibel.

En solcher Hochleistungssportwagen benötigt regelmäßige Wartung und Feineinstellung durch einen fähigen Spezialisten. Wenn du dich selbst in einen Krisenzustand versetzt, erzeugst du in deinem Gehirn so viel Stress, dass du nicht mehr empfangsbereit für die feinstofflichen kosmischen Energien bist. Im Einheitsbewusstsein ist das vollkommen in Ordnung, und es gibt daran nichts zu verurteilen. Aber wozu auf eine solche stressige Weise arbeiten, wenn du ebenso gut in der Lage bist, in einem höheren, fortgeschrittenen und freudvollen Zustand zu arbeiten? Und wenn du zudem deine Gedankenenergie nutzen kannst, um zu deiner höchsten Bestimmung zu reisen?

Der Teil deines Gehirns, der eigentlich für den Remembering-Prozess geschaffen ist, wird durch Flucht-oder-Kampf-Reaktionen blockiert und ausgeschaltet. Dein Energielevel sinkt dadurch unvermeidlich ab, wodurch du den Zugang zu deinem höheren Selbst verlierst. Der Remembering-Prozess funktioniert nicht, wenn deine Reaktion auf die Umwelt in dir negative Emotionen auslöst, was immer auf ein dualistisches Denkmuster zurückzuführen ist.

Lieber Dan,
ich erinnere mich, dass meine Motivation beim Singen sich stark verbesserte.

Ich erinnere mich, dass wir uns zusammen hinsetzten und du mir erklärtest, wie mein Geist funktioniert. Du hast mir vermittelt, wie ich mich als Sänger besser ausdrücken kann. Ich glaube, diese Erklärungen helfen allen deinen Klienten enorm weiter. Manchmal fordertest du mich auf, vor dem Singen innezuhalten und über das Feeling nachzudenken, das ich mit dem Song kommunizieren möchte. Jedes Mal, wenn ich das tat, verlor ich mein Timing und hatte das Gefühl, die Töne nicht richtig zu treffen. Wenn ich so an die Sache heranging, machte mir das Singen keine Freude. Ich fühlte mich abgetrennt von der universalen Quelle, also das genaue Gegenteil dessen, wonach wir streben. Ich dachte darüber nach und erkannte den zugrunde liegenden Irrtum. Kurz gesagt, unsere Gefühle gehen nicht den Gedanken voraus, sondern es ist umgekehrt – erst kommt der Gedanke, dann das Gefühl.

Die Leute denken oft, die Gefühle seien zuerst da, aber alle Erkenntnisse von der kognitiven Psychologie über die Techniken der Emotionalen Freiheit (EFT) zur Gedankenfeldtherapie (TFT) beweisen, dass dem nicht so ist. Unsere Gefühle werden durch unsere Gedanken erzeugt.

Ich erinnere mich, dass ich über den Gedanken nachdachte, den ich den Zuhörern vermitteln wollte. Dann und nur dann konnte ich in mir die Gefühle aufsteigen lassen, die mir während der Performance halfen, den Song gut zu singen. Da ich Selbsthilfe-Singer/Songwriter bin, ist für mich der Gedanke oder die Message wichtiger als meine Gefühle beim Singen. Mit anderen Worten, ich kann nicht kontrollieren, was die Leute beim Zuhören fühlen oder emotional von mir empfangen, aber ich kann mich klar und fest auf meine Absicht konzentrieren und sie meinen Zuhörern anbieten – wie ein von meinem Song transportiertes Samenkorn.

Ich erinnere mich, dass du über diese Erkenntnis nachdachtest und dass sie dir für dein Coaching ganz neue Möglichkeiten eröffnete, weil sie dich unter anderem in die Lage versetzte, flexibler auf die unterschiedlichen Musikstile deiner Klienten einzugehen.

Da ich all das aus der Erinnerung aufschreibe, kann es sein, dass ich manche Teile etwas verschwommen wiedergebe ...

– Joe

Wenn Klienten sich mit einer ungelösten Problematik herumschlagen, empfehle ich häufig, dass sie »klopfen« sollen: Es gibt eine emotionale Reinigungstechnik namens EFT, eine Methode, über die Joe und andere Autoren ausführlich geschrieben haben. EFT steht für »Emotional Freedom Techniques« (Techniken der Emotionalen Freiheit). Dabei handelt es sich um eine Kombination aus Akupressur und positiven Affirmationen. Man beklopft bestimmte Punkte an Kopf und Brust, während man über das Problem nachdenkt und laut positive Affirmationen rezitiert, um es zu beseitigen. Die Kombination dieser beiden Elemente kann dir helfen, psychologische Blockaden aufzulösen.

Zum Beispiel gab es bei mir ein Wochenende, an dem mir das Schreiben sehr schwerfiel, weil die Emotionen Wut und Schmerz stark aktiviert worden waren. Also wandte ich die EFT-Technik an: Ich klopfte und sagte dabei: *Zwar bin ich im Moment zu erregt, um zu schreiben, aber ich vergebe mir vollständig.* Während ich diese Affirmation einige Male wiederholte, spürte ich, wie meine Ruhe und innere Klarheit zurückkehrten, sodass ich schon nach kurzer Zeit weiterschreiben konnte.

Wenn du mehr über EFT erfahren möchtest, besuche die (englischsprachige) Webseite www.eftuniverse.com. Es gibt auch eine deutsche EFT-Webseite: www.eft-info.com. Auf YouTube findest du zudem Videos, in denen die Technik gezeigt wird.

Es wird im Leben immer wieder Zeiten geben, in denen du nicht in der Lage bist, deine Aufmerksamkeit dem Remembering-Prozess zu widmen. Das ist vollkommen in Ordnung. Auch bei mir kommt es vor, dass ich mich einfach nicht ausreichend entspannen und konzentrieren kann, um in die richtige Stimmung für das Remembering zu kommen – und zwar ist das hauptsächlich dann der Fall, wenn ich hungrig, wütend, einsam oder müde bin. Drängende, unbefriedigte körperliche oder emotionale Bedürfnisse sind eine Beeinträchtigung, um die du dich zunächst einmal kümmern solltest. Danach wirst du den Remembering-Prozess wieder erfolgreich einsetzen können.

Unser Körper ist zugleich menschlich und »animalisch«. Wir sollten seine Emotionen und Bedürfnisse respektieren und gut für ihn sorgen. Denn schließlich ist er unsere Zeitmaschine!

⊙ ⊙ ⊙

Nun hast du die einzelnen Schritte des Remembering-Prozesses kennengelernt und kannst ihn in deinem Leben praktisch anwenden. Es gibt zwei Arten, wie du an die Sache herangehen kannst: den gläubigen Modus und den ungläubigen Modus. Wenn du der Methode skeptisch gegenüberstehst, lies weiter. Im nächsten Kapitel erfährst du, warum sie nicht nur bei überzeugten Anhängern, sondern auch bei Skeptikern funktioniert.

4. KAPITEL

OB DU ES GLAUBST ODER NICHT

»Unser normales Wachbewusstsein, wir nennen es das rationale Bewusstsein, ist nur eine besondere Form des Bewusstseins, und jenseits davon liegen potenzielle Bewusstseinsformen, die vollkommen anders sind und doch nur durch eine hauchdünne Schicht vom normalen Bewusstsein getrennt. ... Keine Darstellung des Universums in seiner Gesamtheit kann endgültig sein, wenn sie diese anderen Formen des Bewusstseins außer Acht lässt.«

– William James

Dem Remembering-Prozess wohnt eine große Eleganz inne, ganz gleich welcher Kategorie – überzeugter Anhänger oder Skeptiker – du angehörst. Als ein Werkzeug, um deine geistigen Fähigkeiten zu schärfen, kannst du ihn für Brainstorming, Schreiben, soziale Beziehungen und viele andere Anforderungen im kreativen oder logischen Bereich nutzen. Du kannst mit seiner Hilfe ein Schachspiel gewinnen, einen lukrativen Verkaufsabschluss tätigen oder eine

Kurzgeschichte schreiben – und das alles aus einem entspannten, inspirierten und zuversichtlichen Zustand der kreativen Offenheit.

Mit anderen Worten, du musst nicht an die metaphysische Komponente glauben, um in den Genuss der vielen Vorteile dieser Methode zu kommen. Der Remembering-Prozess holt dich sozusagen auf dem gegenwärtigen Level deiner Überzeugungen und inneren Offenheit ab. Wenn du bereit bist, mit ihm zu experimentieren, wird er dich in die Lage versetzen, mit dem Gewebe von Zeit und Realität zu spielen und zum mitschöpferischen Partner der universalen Lebenskraft zu werden. Die Schönheit des Remembering-Prozesses liegt darin, dass er auf einer Vielzahl von Ebenen wirkt. Und jeder einzelne Schritt ist auf seine eigene Weise produktiv.

Du weißt jetzt, dass der erste Schritt einfach darin besteht, sich zu entspannen. Schon allein das ist ein Gewinn. Entspannung ist die Grundlage für alle wirkungsvollen Methoden, und es gibt so viele Arten, wie du dich entspannen kannst! Der Schlüssel ist einfach, irgendeine Form der Entspannung zu finden, sei es buddhistische Sitzmeditation oder Zigarrenrauchen auf der Gartenbank. Es spielt keine Rolle, was es ist, solange es deinen Puls senkt und deinen Geist klar werden lässt.

Der einfache Versuch, dir Raum für Entspannung zu schaffen, in dem Wissen, dass du während eines Teils dieser Zeit eine inspirierende Erfahrung machen kannst, genügt oft, um die Veränderungen herbeizuführen, die du dir wünschst – selbst wenn du nicht daran glaubst, dass es eine einheitliche Zeit gibt oder man sich tatsächlich an die Zukunft erinnern kann.

Der Remembering-Prozess lässt sich universell einsetzen – für tief liegende spirituelle Probleme ebenso wie für kleine praktische Alltagsprobleme.

Eines Tages war ich frustriert. Ich hatte eine Menge Arbeit zu erledigen, aber mein Computer streikte. Ich wusste nicht, was ich tun sollte. Als ich mit Daniel über meine missliche Lage sprach, sagte er: »Ich erinnere mich, dass alles schnell wieder in Ordnung kam. Du brachtest deinen Computer wieder zum Laufen. Ich erinnere mich nicht, wie du das angestellt hast, aber ich weiß, dass du rasch wieder normal weiterarbeiten konntest.«

Seine Worte beruhigten mich. Sie erinnerten mich daran, dass mein Computer in der Zukunft ohne jeden Zweifel wieder einwandfrei funktionieren würde. Es spielte keine Rolle, ob ich wirklich daran glaubte, dass Dan in meine Zukunft schauen konnte, oder ob ich glaubte, dass er einfach eine günstige Prognose abgab, um mich zu beruhigen. Ich entschied einfach, seinen Gedanken aufzugreifen, und das reduzierte meinen Stress.

Es ist wichtig, sich klarzumachen, dass mein Computer zu diesem Zeitpunkt noch nicht repariert war. Doch die »Erinnerung«, dass er bald repariert sein würde, ermöglichte es mir, mich zu entspannen. Schließlich trugen mein Stress und mein Ärger *in keiner Weise* dazu bei, den Computer wieder zum Laufen zu bringen! Wenn wir uns entspannen und innerlich ruhig werden, finden wir leichter eine Lösung.

Und natürlich funktioniert mein Computer nun wieder, denn ich schreibe mit ihm gerade diese Zeilen.

– Joe

Wenn du nicht daran glaubst

Auch wenn du nicht an die Existenz der Schwerkraft glaubst, bist du ihren Gesetzen unterworfen. Die Gefühle der Schwerkraft werden durch deinen Unglauben nicht verletzt, aber es könnte sein, dass du den falschen Baum anbellst und mühsam Steine bergauf rollst. Wenn du dagegen wirklich daran glaubst, dass die Schwerkraft auf deinen Körper einwirkt, kannst du mit Freude das Spiel von Balance und Bewegung spielen. Du kannst in Harmonie arbeiten, statt unnötig Mühe und Kraft aufzuwenden.

So ist es auch mit dem Remembering-Prozess. Wenn die Möglichkeit, in ein Einheitsfeld des Bewusstseins einzutreten, dir zu weit hergeholt scheint, ist das völlig in Ordnung. Gewiss werden nicht alle sich dafür interessieren, daran glauben oder es wichtig finden. Wenn es dir momentan zu viel verlangt ist, an den Remembering-Prozess zu glauben, kann er dir trotzdem helfen, eine anstehende Herausforderung zu bewältigen, weil er Teile deines Gehirns aktiviert, die du bislang nicht genutzt hast. Er kann außerdem deine intuitiven oder medialen Fähigkeiten steigern, mit denen du sicher dann bereits vertraut bist, wenn du dich auf einem spirituellen Pfad befindest. Wenn du dich bisher wenig mit Spiritualität und Intuition beschäftig hast, könnten dir diese Möglichkeiten unglaubhaft erscheinen.

Aber wie dem auch sei, wenn du deine »Erinnerungs«-Fähigkeiten entwickelst, kann das die neuralen Verbindungen in deinem Gehirn stärken, und zwar auch jene, die dir den Zugang zum universalen Jetzt ermöglichen. Es ist, wie Einstein sagte: Man kann Probleme nicht mit derselben Denkweise lösen, durch die sie entstanden sind. Aber um deine Denkweise insgesamt zu ändern, sind zunächst mehrere kleinere Veränderungen nötig – und zwar bei jenen »gestörten« Schaltkreisen in deinem Gehirn, die man auch schlechte Angewohnheiten nennt.

Nehmen wir an, du hast gegenwärtig die Angewohnheit, auf Stress mit Alkoholkonsum zu reagieren, möchtest aber lernen, auf gesündere Weise mit deinen Problemen umzugehen. Du hast dich entschieden, Yoga und Meditation zu praktizieren. Du möchtest diese Veränderung von ganzem Herzen und bist fest entschlossen, sie in die Tat umzusetzen. Doch es ist gut möglich, dass dein Gehirn zunächst etwas »Feintuning« benötigt. Noch ist es auf ein bestimmtes Verhaltensmuster programmiert – es reagiert auf Stress so, wie du es ihm antrainiert hast. Dein Gehirn denkt: *Stress bedeutet, dass ich Alkohol trinken sollte*. Der neurale Pfad zwischen Stress und Alkohol ist stark ausgeprägt und nur schwer zu durchbrechen. Aber machbar ist es auf jeden Fall. Du musst dafür nur durch andere Gedanken und Handlungen dein Gehirn umschulen.

Von nun an entscheidest du dich, wenn du dich gestresst fühlst, bewusst dafür, zu meditieren oder Yoga zu üben, auch wenn dein Gehirn dir sagt, dass du jetzt unbedingt Alkohol trinken solltest. Mit der Zeit geht dir das neue Muster in Fleisch und Blut über – der

Pfad »Stress = Alkohol« wird schwächer, während der Pfad »Stress = Yoga« zum neuen Standardprogramm wird.

Der Remembering-Prozess funktioniert auf die gleiche Weise – je öfter du ihn anwendest, desto besser wird er dir bei der Lösung von Problemen helfen. Anfangs mag er sich etwas sonderbar oder unnatürlich anfühlen, und du wirst dazu neigen, deine Probleme in der bisher gewohnten Weise anzugehen. (Offensichtlich hat das nicht besonders gut funktioniert, denn sonst würdest du dich wohl kaum für andere Methoden interessieren.) Aber je öfter du den Prozess praktizierst, desto mehr trainierst du dein Gehirn darauf, diesen Pfad zu nutzen. Du gewöhnst es dir an. Statt dich wie zuvor über deinen Ärger mit den Arbeitskollegen zu beklagen, denkst du vielleicht: *Hm, vielleicht kann ich mich ja an eine Lösung für dieses Problem »erinnern«.*

Das gilt nicht nur für den Remembering-Prozess, sondern für eine große Zahl kreativer Methoden – und ich empfehle dir, so viele wie möglich davon auszuprobieren. Wenn du mit einem Problem konfrontiert bist, ist es sehr gut, es aus vielen unterschiedlichen Blickwinkeln zu betrachten und verschiedene Vorgehensweisen auszuprobieren.

Wenn du auf diese Weise mit deiner Kreativität spielst, wirst du Probleme und Herausforderungen in ganz neuem Licht sehen und dich viel mehr in der Lage fühlen, das Leben zu leben, das du dir wirklich wünschst. Übe einfach die Schritte 1 bis 4 des Remembering-Prozesses und du wirst schnell bessere Resultate in deinem Leben erzielen.

Du musst an nichts anderes als an das Hier und Jetzt glauben und kannst das Remembering als ein Fantasiespiel betrachten – wie damals in der Grundschule, als die Lehrerin zu euch sagte: »Kommt, wir machen eine Reise zum Mond!« Oder: »Heute gehen wir auf Afrika-Safari!« Damals hast du nicht die Stirn gerunzelt und gesagt: »Moment mal, wir fliegen doch gar nicht *wirklich* zum Mond.« Du hast einfach mitgespielt. Gib dir also die Erlaubnis, das wieder zu tun – lass dich auf das Spiel ein und ignoriere den zynischen Teil in dir, der sagt, dieses ganze »Erinnern an die Zukunft« wäre verrückt. Vielleicht ist es das. Na und? Wenn du denkst, diese ganze Idee, dass die Zeit formbar ist und wir, à la *Zurück in die Zukunft,* mit ihr spielen können, wäre Unsinn, dann lies das:

> *Daniel Barrett ist ein Spinner, und ich glaube nicht an diesen Quatsch über Reisen in die Zukunft und Erinnerungen an Dinge, die noch gar nicht stattgefunden haben! Aber ich werde trotzdem mitspielen, einfach weil es eine lustige Übung ist und ein Weg, meine Fantasie anzuzapfen. Vielleicht spinne ich mir ja ein paar richtig coole Sachen zusammen. Auf meine Weise bin ich wohl auch ein Spinner. Also, auf geht's!*

Auf der Musikschule sind mir viele Schüler begegnet, die nie mehr als die einfachsten Grundlagen gelernt hatten und doch in der Lage waren, Musik zu erschaffen, die Sinn macht, gut klingt und sich gut anfühlt. Und selbst für Skeptiker ist der Remembering-Prozess ein tolles Werkzeug, um »Reverse Engineering« zu betreiben. Du kannst tun, was die Künstlerin und Persönlichkeitstrainerin Ann Rea empfiehlt: »Nähere dich deinem Ziel von hinten.« Beginne mit dem Endresultat – sagen wir, dem Kauf eines Hauses –, gehe von dort rückwärts und schaue dir an, welche praktischen Schritte du unternehmen musst, um zu diesem Ziel zu gelangen. Was benötigst du? Du benötigst ein ausreichendes Einkommen, um eine Hypothek aufnehmen zu können, musst einen Makler beauftragen, Häuser besichtigen, ein Umzugsunternehmen anheuern und so weiter. »Erinnere« dich an diese Schritte. Schreibe sie auf. Werde dir bewusst, an welchem Punkt in diesem Prozess du dich gerade befindest und was als Nächstes zu tun ist.

Der Remembering-Prozess ist ein ausgezeichnetes Planungswerkzeug. Selbst dann, wenn sich die Zeit mit ihm nicht in einem technischen Sinn beeinflussen lässt, sendet doch jener Teil von dir, der sich detailliert zu erinnern vermag, deinem Gehirn ein klares, glaubwürdiges Peilsignal, das dich zuverlässig zur Erfüllung deiner Träume leitet.

Ich bin überzeugt, dass den Dingen eine spirituelle Ordnung innewohnt, die durch den Remembering-Prozess für uns zugänglich wird, während andere Manifestationstechniken nicht zu ihr vordringen. Doch selbst wenn diese spirituelle Macht nicht existiert, wird dank der reichen Bilder und Empfindungen, die das Remembering deiner Psyche anbietet, die Verwirklichung deiner Träume für dich in greifbare Nähe rücken.

Hier ist eine Übung, die dir hilft, dich daran zu »erinnern«, wie deine Träume Wirklichkeit wurden.

Nimm ein Blatt Papier und schreibe das gewünschte Resultat oder angestrebte Ziel an den oberen Rand oder in die Mitte. Ich erstelle gerne Mindmaps, daher beginne ich in der Mitte. Manchmal ist es schön, Buntstifte zu benutzen oder Malkreide.

Stell dir das angestrebte Resultat bildlich vor und erinnere dich an alle Schritte, die dorthin führten.

Erstell dann eine Liste von allem, was notwendig ist, um dein Ziel zu erreichen. Arbeite einen Plan aus. Auch wenn du schon weißt, was zu tun ist, kann das Aufschreiben helfen, dir über den aktuellen Stand des Projekts und die nächsten Schritte klar zu werden. Du legst automatisch mehr Energie in ein Vorhaben, wenn du dazu etwas aufschreibst, statt nur darüber nachzudenken oder zu reden.

Wenn du daran glaubst

Wenn du daran glaubst, kannst du in das Feld der einheitlichen Raumzeit eintreten. Es gibt nur eine einzige Zeit: das Jetzt. Dieses Jetzt umfasst ein breites Spektrum von Energien und Erfahrungen.

Glücklicherweise ist jener Teil des Gehirns, der Zugang zum Raumzeit-Kontinuum hat, eng mit unserem »normalen« Erinnerungsmodus verknüpft. Indem der Remembering-Prozess die Schaltkreise des Gehirns nutzt, die bereits dafür geschaffen sind, sich an Dinge zu erinnern, ermöglicht er dir, das Gewebe der einsteinschen Quantenzeit anzuzapfen und das, von dem du glaubst, dass du es »haben willst«, in dein gegenwärtig erlebtes *Jetzt* zu holen.

Wenn du dich für das Paradigma von Quantenzeit und Paralleluniversen öffnest, kannst du Dinge in deine gegenwärtige Realität »hineinerinnern«. In diesem Zustand ist es dir unmöglich, einen Mangel zu empfinden und etwas haben zu wollen. Wir »erinnern« uns einfach, dass es sich in unserem Energiefeld befindet, und daraufhin schwingt dieses Ding oder Ereignis sich auf unseren gegenwärtigen Zustand ein. So können wir sofort Dankbarkeit empfinden, weil wir in Wahrheit das, was wir uns wünschen, längst besitzen. Wir halten es schon in Händen.

Um dir zu helfen, dich für diese Idee zu öffnen, spiele zunächst ein wenig damit: Sage dir: *Was wäre, wenn es wirklich so ist?* Glaube ist ein Geschenk, das du dir selbst machst. Du musst dafür nichts *tun*. Du musst nur *sein*. Du musst dich nicht zwingen, etwas zu tun, um glauben zu können. Bejahe einfach, dass es okay ist, dich in gutem Glauben auf Neuland vorzuwagen. Es ist okay, sich zu irren und Fehler zu machen. Es ist okay, an etwas aus keinem anderen Grund zu glauben als dem, dass es sich richtig anfühlt und dir weiterhelfen könnte. Es kann sehr produktiv sein, einen neuen Glauben anzuprobieren und zu schauen, ob er dir passt.

Skepsis ist auch okay

»Das Wort Verwirrung haben wir für Ordnungen erfunden, die noch unverstanden sind.«

– Henry Miller

Andererseits liebe und wertschätze ich Skepsis. Zu den Versäumnissen der New-Age- und Selbsthilfebewegung gehört es, Skeptiker und Neinsager nicht willkommen zu heißen. Doch wie tragfähig sind die Prämissen dieser Bewegung, wenn sie einer kritischen Betrachtung nicht standhalten?

Ich glaube zutiefst an den Einheitszustand und an dieses Bild vom Gewebe der Zeit. Doch selbst wenn ich damit total falschliege, macht der Remembering-Prozess trotzdem mein Leben jeden Tag besser. Oft hört man Leute sich verächtlich über Placebos äußern. Sie tun so, als würden Menschen, die gut auf Placebos ansprechen, auf eine Täuschung hereinfallen. Ich dagegen sage: Lasst uns alle Möglichkeiten nutzen, um Frieden und Glück zu erlangen, also auch jede Form des Placeboeffekts. Was haben wir dabei denn zu verlieren?

Schon allein dass du bereit bist, zu experimentieren und Neues auszuprobieren, kann dein Leben zum Besseren verändern. Schon allein wenn dich etwas herzlich zum Lachen bringt, ist es ein Gewinn für dich. Ehe du dichs versiehst, lachst du dich in den ganzheitlichen Bewusstseinszustand hinein. Du wirst von der Natur der Realität gekitzelt.

Der israelische Quantenphysiker Yakir Aharonov sagte: »Theoretischer Physiker zu sein hat den Vorteil, dass man sich nie über die Kosten eines Gedankenexperiments sorgen muss.« Was kostet es dich, anders zu denken – abstrakt, mit großer Hoffnung und starkem Glauben? Was kostet es dich, wenn du versuchst zu fliegen (solange du es auf festem Boden versuchst und nicht aus dem Fenster springst)? Und umgekehrt: Was kostet dich das immer gleiche alte Denken? Was kostet es dich, zu tun, was du immer schon getan hast?

In einem einheitlichen, ganzheitlichen Feld aus Energie ist Skepsis das Gegengewicht zum Glauben. Sie ist nicht nur willkommen, sondern genauso wertvoll wie der Glaube. Es handelt sich um zwei Seiten derselben Münze. In der Menschheitsgeschichte haben stets jene Glaubenssysteme den meisten Unfrieden gestiftet, die nicht offen waren für abweichende Gedanken, Widerspruch und Fragen.

Was ist mit jenen Kritikern, die sagen, sogar der Remembering-Prozess sei eine Selbsttäuschung?

Meine Forschungen über Placebos – laut dem *Oxford Dictionary* »harmlose Medikamente oder andere Behandlungsmethoden, die eher wegen ihrem psychologischen Nutzen für den Patienten verordnet werden als wegen tatsächlicher physiologischer Effekte« – bestätigen, dass unser Glaube an eine Sache es viel wahrscheinlicher macht, dass sie sich verwirklicht. Es existiert sogar eine wissenschaftliche Studie, die belegt, dass Patienten mit Kniebeschwerden, denen gesagt wurde, man hätte sie am Knie operiert, obwohl das in Wahrheit gar nicht der Fall war, eine ebenso deutliche Besserung ihrer Beschwerden verspürten wie Patienten, die tatsächlich operiert worden waren (siehe www.siencedaily.com/releases/2002/07/020712075415.htm). Neuere Studien belegen sogar, dass Placebos auch dann wirken, wenn der Patient weiß, dass es sich um ein Placebo handelt (siehe www.guardian.co.uk/science/2010/dec/22/placebo-effect-patients-sham-drug).

Das ist nichts Neues. Ich weiß von der Macht des Glaubens, seit ich in den 1960er-Jahren Claude Bristols Meisterwerk *Erfolgreich – The Magic of Believing* las. Unser Glaube formt die Realität. Glaube daran, dass eine bestimmte Annahme über dich oder dein Leben wahr ist, dann wirst du die dazu passenden Umstände und Bedingungen magisch anziehen.

Das funktioniert gleichermaßen mit negativen Glaubenssätzen. Das »Nocebo« ist eine negative Erwartung und wird genauso zuverlässig die ihm entsprechenden Erfahrungen hervorbringen. Mit anderen Worten, wenn du daran glaubst, dass etwas nicht funktioniert oder eine schädliche Wirkung haben wird, tendierst du dazu, diese Erfahrung in dein Leben zu ziehen (siehe http://curezone.org/art/read.asp?ID=142&db=1&C0=14).

Alles läuft darauf hinaus, dass deine Glaubenssätze darüber entscheiden, welche Erfahrungen du heute und in Zukunft anziehst. Wenn du den Remembering-Prozess praktizierst, trittst du damit in eine Zeitlinie ein, die in der gegenwärtigen Realität nicht stattgefunden hat – noch nicht. Aber sie existiert als potenzielle Zukunft. Auf welche Weise du deine »Realität« betrachtest, hängt von deiner Wahrnehmung ab, und wie du die Dinge wahrnimmst, hängt von deinen Glaubenssätzen ab.

Wer mir schon begegnet ist, meine Vorträge besucht oder mich im Fernsehen oder im Kino gesehen hat, weiß, dass ich Ringe und Edelsteine trage. Manche dieser Schmuckstücke trage ich einfach, weil sie mir gefallen, bei anderen glaube ich, dass sie wirklich über esoterische Energie verfügen und mir helfen. Immer wenn ich einen öffentlichen Vortrag halte, trage ich ein besonderes Schmuckstück mit einem Stein aus dem Gibeon-Meteoriten. Dieser Meteorit ist älter als der Planet Erde. Man schätzt sein Alter auf vier Milliarden Jahre. Dieser Stein ist schön, und ich fühle, dass er mir zusätzliche Energie gibt, wenn ich ihn trage. Außerdem hat meine Frau Nerissa ihn mir geschenkt, was ihm eine zusätzliche gefühlsmäßige Bedeutung verleiht.

Was ist daran am wichtigsten? Dass ich an diese Wirkung des Steins glaube.

Somit stellt sich die Frage, was eigentlich real ist. Ich ziehe es vor, an ein magisches Universum zu glauben und in meinem Leben überall Wunder am Werk zu sehen, als ständig zu fürchten, dass hinter jeder Ecke eine Gefahr lauert. Anders ausgedrückt, Placebos sind nicht real, aber der Placeboeffekt ist es. Woran du glaubst, ist wichtiger als die Realität, weil es die Realität so filtert, dass du nur siehst, was du erwartest. Wenn du dich »erinnerst«, siehst du eine mögliche Zukunft. Und von dieser Perspektive aus kannst du diese Zukunft erschaffen.

Das ist in meinen Augen die beste Form »magischen Denkens«.

– Joe

Der Remembering-Prozess wird dir Nutzen bringen, ob du ihn einfach als Training für deine Vorstellungskraft betrachtest oder mehr darin siehst. Es gibt viele Wege, wie du ihn in deinem Leben einsetzen kannst. Im nächsten Kapitel werden wir uns einige Anwendungsmöglichkeiten anschauen, die du vielleicht noch nicht in Betracht gezogen hast.

5. KAPITEL

DEN PROZESS ANWENDEN – FRAGEN UND ANTWORTEN

»Neues entsteht nicht durch den Intellekt, sondern durch den Spielinstinkt, der aus innerer Notwendigkeit agiert.«

– Carl Gustav Jung

Es gibt für den Remembering-Prozess ein breites Spektrum von Anwendungsmöglichkeiten. Für dieses Kapitel habe ich die häufigsten Fragen ausgewählt, die mir von meinen Klienten im Lauf der Jahre gestellt wurden. So möchte ich dir zeigen, wie ich selbst den Prozess anwende und wie meine Klienten ihn anwenden und damit positive Resultate erzielen. Ich hoffe, dass dies deine eigenen Fragen beantwortet und dir zudem Anregungen gibt, wie du den Prozess auf neue Weise nutzen kannst.

Eines Tages ging ich zu meiner Session mit Daniel, und er sagte, dass wir für die Arbeit im Studio einen Schlagzeuger brauchten. Wir bereiteten uns darauf vor, *Strut!* aufzunehmen, mein erstes Album mit eigenen Songs. Daniel machte sich keine Sorgen deswegen, denn wir wohnen beide in Austin, wo es überall Musiker gibt. Aber der Drummer, den er ursprünglich vorgesehen hatte, war ausgefallen.

Ich erinnere mich, dass ich mich in die Zukunft versetzte und von dort aus über das Album nachdachte. Durch Remembering kam ich auf die Idee, den anderen Joe Vitale zu fragen, ob er bereit war, bei meiner Studioband mitzuspielen. Der andere Joe Vitale ist ein berühmter Schlagzeuger. Er ist in der Rockmusik seit Jahrzehnten eine feste Größe und hat mit fast allen Rocklegenden gespielt, unter anderem mit Neil Young. Ich hatte da dieses Gefühl, dass er tatsächlich bereit sein könnte, bei meinem Album mitzuwirken. Ich war mir nicht sicher, ging die Sache aber an und schrieb ihm. Zu meiner Verblüffung sagte er tatsächlich zu! Wir arbeiteten die Details aus, und dann flog er für die Studioaufnahmen ein. Joe führte meine Arbeit auf neue Höhen. Er brachte so viel Energie und Begeisterung mit, dass die Aufnahme und ich selbst dadurch transformiert wurden.

Und das alles kam, weil ich mich »erinnert« hatte, dass das Album bereits aufgenommen war – mit ihm als Schlagzeuger.

– Joe

F: Wie setzt du den Remembering-Prozess bei der Arbeit mit Klienten ein?

Joe und ich sind ein super Beispiel dafür, wie man den Prozess in der gemeinsamen Arbeit nutzen kann. Überall in diesem Buch findest du Beispiele, wie wir für Joes Musikalben und für das Buchprojekt das Remembering erfolgreich einsetzten, jeder für sich und gemeinsam. Hier ist ein Remembering-Brief, den ich an einem bestimmten Punkt unserer Arbeit an Joe schrieb:

Lieber Joe,

ich erinnere mich an diesen ersten Brief, den ich dir schrieb. Dabei spüre ich ein wohliges, freundliches Gefühl. Es ist der erste Abend eines dreitägigen Songwriting-Vergnügens. Ich erinnere mich, dass dir unser kreatives Retreat genauso viel Spaß machte wie mir.

Ich erinnere mich an den Grammy-Bildschirmschoner auf den Computermonitoren in meinem Studio. Ich »erinnerte« mich damals an eine CD … und ich bin mir ziemlich sicher, dass es deine war. Ich glaube, ihr Titel lautete Blue Healer. *Abwechslungsreiche Bluesrhythmen und -riffs und Improvisationen der besten Bluesmusiker von Austin begleiteten deinen klangvollen, hypnotischen, heilenden Gesang. Joe Vitale singt einen Blues, der »heilt, befreit, öffnet«.*

Es könnte ein Traum sein, oder möglicherweise erinnere ich mich sogar daran, dass diese CD die erste in einer ganzen Serie war … und perfekt zur Botschaft einer bestimmten Zeitschrift passte. Meine Erinnerung sagt mir, dass wir die erste CD auf diese Weise sehr schnell und problemlos produzierten und viel Spaß dabei hatten. Und zugleich legten wir den Grundstein für das Songwriting und die fetzigen Gitarrenklänge deiner nächsten Alben.

Ich erinnere mich, dass du begonnen hattest, Gitarren zu sammeln. Du wurdest zu einem richtigen Experten für bestimmte Gitarren und hast einige davon gekauft. Oder war ich das? … Auf jeden Fall gab es im Studio mehrere Telecasters, Les Pauls und Danelectros.

Dein Songwriting machte enorme Fortschritte … ein weiterer überraschender Schritt hin zu deinem ganz eigenen Sound. So lösten sich auch deine letzten Zweifel in Luft auf, und du konntest deinen wahren Platz als Songwriter-Genie einnehmen – wobei mit Genie hier gemeint ist, dass es dir gelang, deinen eigenen Geist authentisch zum Ausdruck zu bringen. Das nächste Album haben wir dann ziemlich schnell aufgenommen, wie ich mich erinnere. Von Anfang an war das richtige Feeling da.

Bringt das, was ich da schreibe, eine Saite in dir zum Klingen? Ich erinnere mich, dass ich an unserem Buch arbeitete. Es war die freie Zeit zwischen den Rubicon-Seminaren. Also ließ ich Himmel und Erde stillstehen. Ich erinnere mich, wie sehr es mich inspirierte, dass du Himmel und Erde stillstehen lässt, wenn es Zeit für dich ist, ein neues Buch zu empfangen und zu schreiben. Und bei unserem Buch geht es ja vor allem auch darum, die Zeit anzuhalten – unsere Zeitwahrnehmung bewusst zu kontrollieren, um möglichst viel Zeit für ein Projekt zur Verfügung zu haben.

Ich erinnere mich, dass mir dadurch ein müheloser, viel Freude machender Schreib-Marathon möglich wurde. Ich erinnere mich, dass ich eine Menge Kakaonibs aß und eine Menge Wasser trank. Ich erinnere mich, dass ich Autor wurde und dass es seitdem zu meiner Identität gehört, Autor zu sein. Ich erinnere mich, dass ich mir unser Album oft anhörte und immer wieder tief berührt war, weil es so gut gelungen ist. Ich erinnere mich, dass du und ich unsere Freundschaft vertieften und der kreative Flow zwischen uns noch intensiver wurde. Beide waren wir zutiefst dankbar für die Qualität und Leichtigkeit unserer Arbeit im Studio. Ich erinnere mich, dass ich während der Aufnahmen die paar Kilo wieder verlor, die ich angesetzt hatte. Ich erinnere mich, dass mein Ferrari wieder ein Stück näher rückte. Ich bin nicht sicher, was es war, aber es war deutlich zu spüren.

Ich erinnere mich, dass ich, als all das geschah, zu einer neuen inneren Ruhe fand. Ich gab und diente auf eine ganz neue Weise und das fand ich wunderbar.

– Dan

Neben Briefen wie diesen, die ich meinen Klienten schreibe, nutze ich den Remembering-Prozess ausgiebig während unserer Sitzungen. Normalerweise stelle ich die Methode gleich im ersten Gespräch möglichen neuen Klienten vor, bevor sie mich anheuern. Dann wissen sie, was sie erwartet! Unsere Zusammenarbeit hat dann von Anfang an diese spielerische Note. Wenn sie mir ihre Ziele und die Hindernisse beschreiben, die ihnen zu schaffen machen, beginne ich sofort, mich mit ihnen zu »erinnern« – *ich erinnere mich, dass du deine Bühnenangst überwunden hast und anfingst, vor Publikum genauso toll und voller Freude zu spielen wie privat.* Wenn ein Klient sich von meinen Methoden nicht abschrecken lässt, weiß ich, dass wir den Prozess gemeinsam einsetzen können.

Wie beim Improvisationstheater ist das gegenseitige Einverständnis wichtig. Wenn du sagst: »Ich weiß nicht, wovon du redest«, oder: »Nein, das ist völlig undenkbar«, unterbrichst du damit das ganze Spiel. Wenn du das Gespräch in eine andere Richtung lenken möchtest, kannst du, statt durch ein Nein den Flow zu unterbrechen, sagen: »Ja, und …« Eine wichtige Regel lautet also, sich gegenseitig die Bälle zuzuspielen, einander aber auch immer wieder dazu herauszufordern, die Grenzen der eigenen Vorstellungskraft zu erweitern.

Auch habe ich Klienten schon gebeten, Dialoge zwischen ihrem jetzigen Selbst und ihrem zukünftigen Selbst zu schreiben. Zum Beispiel beginne ich mit: »Frage dein zukünftiges Selbst, was du alles tun musstest, um zu bekommen, was du wolltest.« Diesen Dialog können sie mir vorlesen, sie können ihn aber auch für sich behalten, ganz wie sie es wünschen.

F: Kennst du ein besonders schönes Beispiel dafür, wie man den Remembering-Prozess außerhalb des musikalischen Bereichs einsetzen kann?

Es gibt viele Anwendungsmöglichkeiten. Manche haben mit kreativen Projekten zu tun, andere mit praktischen Alltagsaufgaben. Meine

Frau Andi und ich setzten den Prozess ein, als wir umziehen wollten. Statt die Sache wie gewohnt anzugehen – uns also ein Haus »auszusuchen« –, »erinnerten« wir uns an das Haus so, als würden wir schon darin wohnen. Andi erinnerte sich an eine offene Innenarchitektur, sodass sie beim Kochen von der Küche aus ins Wohnzimmer schauen konnte. Ich dagegen erinnerte mich an die wirklich wichtigen Details: zum Beispiel wo die Tischtennisplatte stehen würde.

Da wir auf diese Weise viel Zeit damit verbrachten, über all das nachzudenken, konnte ich ein Haus betreten und sofort sagen, dass »es nicht das ist, wo wir gewohnt haben«. Das war etwas anderes, als wählerisch zu sein oder bestimmte Geschmacksvorstellungen zu haben. Es war einfach so, dass ein Haus sich nicht so anfühlte wie das Haus, an das wir uns »erinnerten«.

Aber als wir das Haus betraten, in dem wir heute wohnen, konnten wir die Dinnerpartys fühlen. Wir erinnerten uns an den Garten und das Plätschern des Baches.

Das klingt simpel, ja, aber es war ein völlig anderes Paradigma, als zwischen »Möglichkeiten« zu wählen.

Wir begannen damit, dass wir eine gemeinsame Erinnerung erschufen, die uns dann zum richtigen Haus führte.

F: Kann man den Remembering-Prozess einsetzen, um einen Partner oder Seelengefährten zu finden?

In diesem Fall verwendet man die Vergangenheit und die Zukunft. Wenn du dir Liebe wünschst, erinnere dich an Liebe.

Erinnere dich an die newtonsche Vergangenheit, indem du dich zunächst an Zeiten erinnerst, in denen du dich besonders geliebt fühltest – von deinen Eltern, einem Hund, einem Kind, einem Freund.

Erinnere dich an das Gefühl. Welche Sinneseindrücke kannst du beschreiben? Wie hast du dich an diesem Tag gefühlt? Wie warst du angezogen? Erinnerst du dich an bestimmte Gerüche? Schärfe deine Erinnerung und wähle einen Moment in deiner traditionellen linearen Vergangenheit aus, als du dich sehr geliebt fühltest. Das wird deine Sensibilität erhöhen und die karmische Linie der Liebe in Gang setzen.

Gleiches zieht Gleiches an. Liebe zieht Liebe an. Erinnere dich an eine Zeit, in der du dich geliebt fühltest. Erinnere dich mit allen Sinnen daran. Erinnere dich an Berührungen, an Düfte, an Lieder. Erinnere dich nun an eine Zeit in der Zukunft, in der du geliebt wurdest. Hier ist ein Beispiel:

Ich erinnere mich, wie wir uns zwischen den Seminarsitzungen am Pool entspannten. Ich erinnere mich, dass du wunderschön auf einer Gitarre spieltest und dass schöne Menschen deiner Musik lauschten. Vage erinnere ich mich an ein paar Drinks. Waren es Smoothies? Piña Coladas? Jedenfalls erinnere ich mich an den Kokosgeschmack. Ich glaube, es wurden Zigarren geraucht. Ich erinnere mich, dass wir uns körperlich sehr wohlfühlten und auf angenehme, entspannte Art ins Gespräch kamen. Fand an diesem Abend ein Konzert statt? Es ist kein Wunsch, keine Hoffnung, sondern eine deutliche Erinnerung. Und ich erinnere mich auch an alles, was ich vorher tat und was mich zu dieser Begegnung hinführte. Ich versuche, mich an einige der Gedanken und Entscheidungen von heute, morgen, dieser Woche zu erinnern, die diesen Prozess in Gang setzten.

Stell dir nichts vor. *Erinnere dich.*

Wünsche dir nichts. *Erinnere dich.*

Und finde als Nächstes Liebe in *diesem* gegenwärtigen Augenblick, der so ist, wie er ist. Joe fand Liebe in einem Bleistift.

Meine »Bleistift-Geschichte« ist inzwischen berühmt geworden. Für den Film *Der Kompass* habe ich sie vor der Kamera erzählt. Hier ist die Kurzfassung:

Ich lebte damals schon längere Zeit in Armut. Trotzdem arbeitete ich an mir, las Bücher aus der Bibliothek und besuchte kostenlose Vorträge und Veranstaltungen – bemühte mich also nach Kräften, mein Denken in Ordnung zu bringen und meine Notlage zu überwinden.

Eines Tages hörte ich, wie wichtig Dankbarkeit ist. Man sagte mir, dass mein innerer Zustand sich verändern würde, wenn ich Dankbarkeit empfand, und dadurch würden sich dann auch meine äußeren Lebensumstände verbessern. Doch ich hielt mich für klüger und sagte, das sei doch nichts als Selbstbetrug. Ich sagte: »Ich werde mich dankbar fühlen, wenn es etwas gibt, wofür ich dankbar sein kann!«

Doch solange ich mich weigerte, Danke zu sagen, kam ich einfach nicht aus meinem Schlamassel heraus.

Also beschloss ich eines Tages, es mit diesem »Dankbarkeits-Quatsch« zu versuchen. Ich schaute mich in meinem Zimmer um – es war so klein, dass meine Schreibmaschine und mein kleiner Fernseher nur gerade eben neben das winzige Bad passten.

Mein Blick fiel auf einen Bleistift. Ich nahm ihn und beschloss, mit etwas wirklich Unbedeutendem anzufangen: diesem alten gelben HB-Bleistift mit Radiergummi am oberen Ende.

»Na gut. Mit diesem Bleistift kann ich eine Einkaufsliste, einen Liebesbrief, einen Liedtext oder einen Abschiedsbrief schreiben oder den großen amerikanischen Roman«, murmelte ich vor mich hin, ohne wirklich etwas zu fühlen.

Doch während ich, ohne mir viel dabei zu denken, nach positiven Verwendungsmöglichkeiten für diesen Bleistift suchte, veränderte sich etwas in mir. Ich fing an, zu staunen und sogar so etwas wie Ehrfurcht zu empfinden.

Dann betrachtete ich das andere Ende des Stiftes.

»Klasse! Ein Radierer!«, rief ich aus und ich meinte es wirklich ernst. Mir wurde bewusst, dass dieser Bleistift eine geniale Erfindung war. Eigentlich war es bloß ein kleiner Holzstab, aber ich konnte damit die erstaunlichsten Dinge schreiben. Und wenn mir etwas, das ich geschrieben hatte, nicht gefiel, konnte ich es mithilfe des Radierers verschwinden lassen. Was für ein Zauber!

Nachdem ich diese Bleistiftübung ein paar Minuten gemacht hatte, veränderte sich meine Stimmung. Ich fühlte mich leichter, glücklicher. Ich lächelte mehr. Ich schaute mich in meinem kleinen Zimmer um und brachte dem, was ich da erblickte, eine neue Wertschätzung entgegen. Das war ein Wendepunkt in meinem Leben.

Heute setze ich mich manchmal in meinen Jacuzzi, schaue hinauf zu den Sternen und danke für mein Leben und dafür, dass ich heute wohlhabend bin. Meine jetzige Situation unterscheidet sich so radikal von meiner damaligen, dass es mir so vorkommt, als hätte diese Vergangenheit in einer anderen Inkarnation stattgefunden.

Und alles begann damit, dankbar für den gegenwärtigen Augenblick zu sein.

– Joe

Finde in deiner Welt *jetzt* etwas, das du liebst – ein Haustier, eine Person, einen Bleistift. Oder vielleicht einfach ein Sandwich.

Atme tief durch und nimm den gesamten Raum wahr, von dem dieses geliebte Objekt umgeben ist.

Den Geruch des Bleistifts.

Die Struktur des Salatblatts auf deinem Sandwich.

Den Klang der Stimme deiner Großmutter.

Dadurch schärfst du dein Bewusstsein für die Komplexität der Liebe in Zeit und Raum. Oft ist dir gar nicht bewusst, wie reich deine Sinneswahrnehmungen sein können. Manchmal bemerkst du nicht, dass die Liebe dir aus der Zukunft subtile Zeichen sendet. Erinnere dich daran, wie vielfältig die Wege der Liebe sind.

Und erinnere dich dann an die Zukunft. Du sollst nichts wünschen und wollen, sondern dich *erinnern*. Erinnere dich an die Details. War deiner Seelengefährtin/deinem Seelengefährten meistens warm oder drehte sie/er häufig die Heizung auf? Erinnere dich an dumme oder dumm erscheinende Dinge. Fange an, dich an den Geruch deines Geliebten zu erinnern. Erinnere dich daran, welche Orte du aufgesucht hast, kurz bevor ihr euch zum ersten Mal begegnet seid, und suche diese Orte jetzt auf. Das wird deine innere Verbindung zu diesem Menschen exponentiell wachsen lassen. Und auch wenn du dadurch vielleicht nicht sofort einen Partner findest, wird es dich für neue Erfahrungen öffnen, wenn du andere als die gewohnten Orte aufsuchst. Du kannst dabei nichts verlieren.

F: Wie kann sich jemand an ein besseres Leben erinnern, wenn die Gegenwart von Mangel, Einschränkung und Sorge beherrscht ist?

Zuerst einmal kann nichts, was ich hier empfehle, eine medizinische Behandlung ernster geistiger oder körperlicher Erkrankungen ersetzen. Der Remembering-Prozess ist kein Ersatz für eine gute Psychotherapie oder andere medizinische Maßnahmen. Wenn du depressiv oder wütend bist, rate ich dir dringend, Hilfe zu suchen.

Um diese Technik sinnvoll nutzen zu können, müssen wir offen sein für spielerisches Ausprobieren und das Entdecken neuer Möglichkeiten. Wenn wir dazu keinen Zugang haben, funktioniert die Methode nicht. Joe ist einer von vielen Lehrern, die dir helfen können, kreative Blockaden zu beseitigen.

Mein Großvater war Tänzer, bewunderter Gärtner, Fabrikarbeiter, Vater, Einwanderer und verstand sich großartig darauf, die wunderbaren kleinen Freuden des Lebens zu feiern. Auch war er von einer dreizehnköpfigen Familie der einzige Überlebende. Die Nazis ermordeten seine Eltern und Geschwister, als er ein Teenager war. Dann verbrachte er den Rest des Zweiten Weltkriegs in einem russischen Arbeitslager. Wenn du gerade ein Tief durchmachst, überlege einmal, ob es etwas Schrecklicheres geben kann, als einen Völkermord mitzuerleben. Mein Großvater war ein Held und Lehrer für mich. Wir liebten es, gut zu essen, ins Kino zu gehen, Ausflüge zu machen, gemeinsam schöne, einfache Dinge zu erleben. Ich kenne das schwere, einengende Gefühl der Sorge, aber ich hatte das Privileg, in meinem Großvater ein Vorbild dafür zu haben, wie sehr wir unsere Sicht der Dinge selbst wählen und steuern können.

Dieser Augenblick steckt voller Möglichkeiten.

Zwar kann deine Gehirnchemie dich von dieser Freude abschneiden, doch das liegt fast immer daran, dass du bestimmte negative Annahmen für wahr hältst.

Es gibt unterschiedliche Gehirnzustände. Ein defensiver Gehirnzustand bewirkt eine reptilische Weltwahrnehmung, während es sich bei jenem Teil des Gehirns, der auf einer praktischen oder metaphysischen Ebene den Remembering-Prozess nutzt, um dein fortschrittlicheres, höher entwickeltes Gehirn handelt. Solange du emotionale Schmerzen leidest, hast du keinen Zugang zu dem Prozess. Also eins nach dem anderen – kümmere dich zunächst um den Schmerz.

Auch ist es unerlässlich, dass du gut für deine Zeitmaschine sorgst, deinen physischen Körper. Erholung, reichlich Wasser und gesunde Nahrung halten ihn leistungsfähig und agil. Wenn du körperlich in Topform bist, kannst du die feinen Signale des Universums empfangen und damit beginnen, dich an deine zukünftige Vergangenheit zu erinnern. Im Übrigen ist eine Methode dann gut, wenn sie dich auch schon, ehe du sie ganz beherrschst, dazu herausfordert, an dir zu arbeiten und dein Potenzial voll zu entwickeln. Nehmen wir an, du glaubst, das Leben sei schrecklich, willst die Methode aber trotzdem ausprobieren. Beginne damit, dass du dich daran »erinnerst«, wie schrecklich dein Leben war, bevor es großartig wurde. Sei einverstanden mit dem, was ist, und erinnere dich daran als einen Weg zur Weisheit. Erinnere dich, wie du jede Sache, die du schrecklich fandest, untersucht und dir dann farbig ausgemalt hast, wie eine positive Veränderung in diesem Lebensbereich aussehen würde. Erinnere dich, was diese dunkle Phase in deinem Leben dich Wertvolles lehrte, das du nun an andere weitergeben kannst. Und jetzt kommt ein neuer Schritt:

Erinnere dich daran, wie die Eltern vermisster Kinder mehr Liebe und Mitgefühl in die Welt brachten, indem sie dafür sorgten, dass Familien, die ebenfalls in diese Situation gerieten, mehr Hilfe erhielten.

Erinnere dich an unheilbar kranke Menschen, die offen aussprachen und in die Tat umsetzten, wovon sie schon immer geträumt hatten.

Erinnere dich, wie sehr du deine Erfolge und Glücksgefühle genießen konntest, weil du dir des starken Kontrastes zu deinen alten Gefühlen klar bewusst warst.

Erinnere dich, wie du Stück für Stück glücklicher wurdest, weil du anfingst, die kleinen Segnungen des Alltags wertzuschätzen.

Erinnere dich, wie du da, wo es nötig war, andere um Hilfe gebeten hast und sie dir gerne geholfen haben.

Erinnere dich, dass deine momentane Situation nur eine vorübergehende Phase war, bevor dein Leben sich zum Besseren veränderte, und dass du nie mehr zurückschautest.

F: Lässt sich der Remembering-Prozess auch bei Krebs oder anderen gefährlichen Krankheiten anwenden?

Mari Kurko, die Gründerin von MamaShine Wellness, einem Gesundheits-Internetportal für Frauen, antwortete auf diese Frage: »Bei der Heilung gibt es die geistige und die körperliche Komponente. Wenn wir uns an unsere Denkmuster erinnern, bereitet das den Weg dafür, sich an physische Veränderungen zu erinnern.«

Der Remembering-Prozess kann unglaubliche, wunderbare Wirkungen entfalten. Trotzdem habe ich noch nicht erlebt, dass jemand sich zum Beispiel eine Schnittwunde zufügte und sie durch »Erinnern« vor aller Augen heilen konnte. Ich kenne aber Menschen, die sich nach einer Krankheitsdiagnose an ihre positivste, inspirierteste Geisteshaltung »erinnerten« und damit ihren Heilungsprozess wirkungsvoll unterstützten.

In jedem Fall versetzt eine positive Geisteshaltung uns in die Lage, den Istzustand anzuerkennen, ihn richtig einzuschätzen und gute Entscheidungen zu treffen. Und es gibt etwas, das wir immer tun können: uns daran »erinnern«, dass wir meditierten und Epiphanien erlebten, die Heilung bewirkten – Heilung in unserem Bewusstsein, unseren Herzen und unseren Familien.

Wenn eine Krankheit heilbar ist, kannst du dich an dein wunderbares Leben *nach* der Krankheit erinnern. Erinnere dich an deine erste Mahlzeit nach der Behandlung. Erinnere dich, wie du aus der Krankheit gelernt und deinen Lebensstil positiv verändert hast.

Das Remembering erleichtert es uns enorm, gute Vorsätze auch wirklich in die Tat umzusetzen. Unser Gehirn ist viel eher in der Lage, ein regelmäßiges Lauftraining zu beginnen, wenn es sich an das Laufen *erinnert*.

Der Remembering-Prozess kann uns bei einer Vielzahl von Herausforderungen und auf früheren Entscheidungen beruhenden Problemen helfen, doch die Frage, warum unser irdischer Körper manche Krankheiten einfach nicht besiegen kann, ist ein Mysterium, das größer ist als Methodologie und Verstand. Ab einem bestimmten Punkt wird dieses Mysterium so groß, dass keine Methode, kein Buch, kein Mensch darauf eine Antwort geben kann.

Wenn es für dich Zeit ist zu gehen, dann ist das einfach so. Trotzdem bringt das Erinnern daran, wie wir inmitten von allem, was geschah, immer positiver wurden, uns im Leben einen großen Schritt vorwärts.

F: Kann der Remembering-Prozess mir helfen, wenn ich verzweifelt bin?

In einem Song auf meinem neuen Album, das demnächst erscheint, singe ich: »Sei einverstanden mit deiner inneren Welt.«

Wenn wir Verzweiflung empfinden, kann der Remembering-

Prozess wunderbar helfen, weil er sich so einfach anwenden lässt. Als sanfte Methode, um innere Führung zu empfangen, ermutigt er uns, den gegenwärtigen Augenblick als unverzichtbaren Teil unseres Heilungswegs zu akzeptieren.

Wir können uns daran erinnern, wie frei wir uns fühlten, als diese Prüfung hinter uns lag, und daran, dass der gegenwärtige Augenblick einen Wendepunkt darstellte. Manchmal kommt die positive Veränderung rasch, manchmal ist es ein allmählicher Prozess. Wenn wir den gegenwärtigen Augenblick genau so sehen, wie er ist, und ihn als unverzichtbar für den Heilungsprozess wertschätzen, lockert das den Griff des Egos und lindert unser Leiden.

Erinnerst du dich, wie du frei wurdest von dem, was dir Schmerzen bereitete, und wie dir das half, dich positiv zu verändern und dein Potenzial zu entfalten? Ich glaube, ich erinnere mich sehr gut daran!

Wenn du den Remembering-Prozess praktizierst, demonstrierst du damit, dass du daran glaubst, dein Leben und deine Realität selbst erschaffen zu können. Wenn du leidest, ist das nicht leicht. Ehrlich gesagt, bin ich mir nicht sicher, ob es hundertprozentig zutrifft, dass ich wirklich jeden Aspekt meines Lebens selbst erschaffe. Aber ich weiß, dass der Prozentsatz auf jeden Fall sehr hoch ist. Als kleines Geschenk an mich selbst runde ich ihn auf hundert Prozent auf. Damit öffne ich mich für viele neue Möglichkeiten. Es hat sich für mich als die kraftvollste Idee erwiesen, die mir je begegnet ist. Soll sich doch ein anderer um die genauen Zahlen kümmern! Ich jedenfalls versuche, jeden Tag gemäß der Annahme zu leben, dass ich hundertprozentig für alles verantwortlich bin, was vor mir liegt. Wenn mir beim Autofahren jemand die Vorfahrt nimmt, vergesse ich das allerdings manchmal. Ich bin eben auch nur ein Mensch.

Eines aber weiß ich: Als Opfer zu leben bringt fast nie Vorteile, auch wenn sich jemand rücksichtslos in meine Fahrspur drängelt.

Das gilt auch für den Remembering-Prozess. Ich habe keine Ahnung, wie sich sein Einfluss auf mein Leben beziffern lässt. Mein einziges Maß ist, dass ich jeden Morgen in dem Bewusstsein aufwache, meine Träume zu leben. Ich habe mich an Marathonläufe erinnert, an die Realisierung meines eigenen Tonstudios und an die Chance, ein Buch zu schreiben. Und all das ist Wirklichkeit geworden.

Daher ermutige ich dich, deinen Verstand vorübergehend auszuschalten und einfach zu fühlen, wie erleichtert du warst, als eine elegante Problemlösung die Stagnation beseitigte und dein Leben wieder in Schwung brachte. Fühle die intensive Freude darüber, dass die Hexe tot war und die Sonne aufging.

Schon ein kurzer, durch Remembering ausgelöster Moment der Hoffnung ist den Versuch wert. Bleibe dabei, auf diese Art zu üben, und schau, was sich daraus entwickelt. Statt krampfhaft gegen ein Problem anzukämpfen, entspanne dich einfach und erinnere dich an eine neue Leichtigkeit. Spürst du ein klein wenig Erleichterung? Das ist ein guter Anfang.

F: Was ist, wenn unsere Erinnerung trügt? Mit anderen Worten, wenn wir uns an Dinge erinnern und später herausfinden, dass wir damit völlig danebenlagen?

Kurskorrekturen sind im Leben immer wieder notwendig. Manchmal müssen wir zunächst einen Irrweg beschreiten, um erkennen zu können, wo wir wirklich hinwollen. Gegensätze sind für unser höheres Selbst ein wichtiges Instrument, um uns Einsichten zu vermitteln und den Weg zu weisen. Und »der Weg« ist niemals perfekt. Zu ihm gehören einfache Fragen wie: »Bin ich dabei wirklich im Flow?« Oder: »Steht diese Sache wirklich im Einklang mit meiner Bestimmung?« Manchmal ist gutes altmodisches Unbehagen das beste Werkzeug, um eine Antwort auf diese Frage zu finden. Auf genau diese Weise zeigt uns unser Rücken, wie man schwere Lasten richtig hebt.

»Der Mensch ist als Spielzeug Gottes geschaffen, und das ist das Beste an ihm. Demgemäß sollten jeder Mann und jede Frau in ihrem Leben nur die schönsten Spiele spielen. … Was also ist die richtige Art zu leben? Das Leben muss als Spiel gelebt werden.«

– Platon, *Gesetze*

Wenn der Weg nicht perfekt ist, dann ist es auch der Remembering-Prozess nicht. Er ist keine perfekt funktionierende Fernsteuerung für Leben und Realität. Er ist ein Werkzeug, eine Orientierungshilfe, ein Beschleuniger. Wenn wir ihn mit Urteilsvermögen und harter Arbeit kombinieren, ist er ein starker und aufregender Verbündeter.

Wer mit dem Prozess arbeitet, sollte über ein gesundes Urteilsvermögen verfügen. Ist das nicht der Fall, muss es zunächst geschult werden. Es sollte offensichtlich und leicht erkennbar sein, dass sich jemand innerlich klarer, glücklicher und auf einem guten Weg hin zu seiner idealen Situation fühlt. Denke an die Verspieltheit von Kindern im Sandkasten. Manchmal müssen sie erst ein paar Sandburgen bauen, ehe ihnen ihr idealer Palast gelingt. Der Remembering-Prozess kann nicht die Methode Versuch und Irrtum ersetzen. Er hat aber eine überaus positive Wirkung auf unsere unvermeidlichen Irrtümer. Er erfüllt uns mit der Zuversicht, dass unsere Fehler lediglich ein nützliches Feedback sind, das wir für notwendige Kurskorrekturen nutzen können.

F: Woher weiß ich, dass der Remembering-Prozess nicht bloß »magisches Denken« oder eine Selbsttäuschung ist?

Niemand von uns weiß genau, was in dieser Welt vor sich geht. Es gibt ein großes Mysterium, und wir müssen jeden Tag aufs Neue entscheiden, ob wir uns dafür öffnen oder uns dagegen verschließen. Um gut durchs Leben zu navigieren, müssen wir flexibel zwischen verschiedenen Verhaltensweisen, Denkansätzen und Werkzeugen hin und her wechseln. Häufig mache ich zutiefst bewegende magische und synchronistische Erfahrungen. Und mir passieren ganz schön bewegende Irrtümer und Selbsttäuschungen! Aber letztlich stimme ich dieser Zeile aus dem Song »Thinking Amelia« von Deb Talan zu: »Die Erwartung, fliegen zu lernen, finde ich gar nicht schlecht.«

Natürlich stößt jede Methode auf Kritik. Im großen Spiel des Lebens gibt es immer auch die, die anderer Meinung sind. Eine Gedanken-Polizei gibt es nicht. Die Frage sollte immer lauten, ob etwas funktioniert oder nicht. Denke daran, dass jeder Mensch sich sein eigenes Bild von der Welt macht. Mein bester Rat lautet: weniger kritisieren und stattdessen lieber der Devise »Leben und leben lassen« folgen.

Einfach gesagt: Der Remembering-Prozess funktioniert. In Form von Problemlösungen und neuen Möglichkeiten für Kreativität und Selbstausdruck hat er enorm viel Freude in mein Leben gebracht. Wie wir gezeigt haben, wurde die musikalische Entwicklung meines guten Freundes Joe durch ihn beschleunigt. Probiere die Methode aus! Wenn sie bei dir nicht funktioniert, beschäftige dich nicht weiter damit. Bringt sie dir aber etwas, dann herzlich willkommen zum Rest deines Lebens! Oder dem Anfang … oder beidem.

Ich bin fest davon überzeugt, dass das Remembering mein Leben zum Besseren verändert hat, sowohl was die Resultate wie auch was die Zukunftsperspektiven betrifft, und das seit vielen Jahren. Es ist ein Werkzeug in einer gut bestückten Lebens-Werkstatt. Ich verwende es nicht, um meinen Körper und seine Bedürfnisse nach Sicherheit und Ausgewogenheit zu missachten. Doch wenn wir den Prozess in ausgewogener, gut geerdeter Form einsetzen, ist er eine Quelle purer Freude!

F: An welchem Punkt kommen beim Remembering Gefühle ins Spiel? Mir erscheint der Prozess ziemlich kopflastig – viel Denken, aber wenig Gefühl.

Wie fühlt sich der Remembering-Prozess an?

Wie ein sanftes, wohliges »Streeeeeecken« und »Aaaah«! Es fühlt sich an wie eine süße, wolkige Erinnerung oder wie ein lebhaftes »Toll! Jaa!«. Bei der gesamten Methode geht es darum, die Freude zu fühlen, die durch die Erfüllung deiner Wünsche ausgelöst wird. Dein zukünftiges Selbst sendet dir eine Welle des Glücks angesichts der Verwirklichung deiner schönsten Träume.

Es ist vollbracht. Was du dir wünschst, ist schon hier. Dein zukünftiges Selbst plant die Party, sonnt sich im Glanz und wartet darauf, dass du zu ihm aufholst. Deine erfüllte Bestimmung erwartet dich, und während deine physikalische Realität dorthin unterwegs ist, fühlst du die Erfüllung bereits. Es ist die Ruhe des Wissens. Du weißt, dass dir große Erfolge sicher sind.

Der Prozess bewirkt, dass ich Freudensprünge mache und über das ganze Gesicht strahle. Ich bin stolz darauf, dass ich meine tiefsten Ressourcen erschließe und Verbindung mit meinem höchsten Selbst aufnehme, während ich über die unermessliche Weite meiner Seele meditiere. Der Prozess kann dich mit prickelnder Vorfreude erfüllen, weil du weißt, dass es gut werden wird. Richtig gut.

Remembering ist all das und noch mehr. Wenn du es nutzt, verschwinden die Angst und Anspannung, die aus einem Bild der Wirklichkeit herrühren, in dem Träume nicht Wirklichkeit werden. Stattdessen ist dein Herz offen und sind deine Muskeln entspannt, während du gelassen deinem besten Leben entgegengehst.

Du löst dich von alten Gedanken und dem Bedürfnis, deine Umwelt zu kontrollieren. Deine Wünsche ziehen und zerren nicht länger an dir, denn der Remembering-Prozess ruft ein Gefühl der spielerischen Leichtigkeit und des Staunens hervor. Wenn ich mit dem Prozess spiele, wird mein Herz leicht und mein Geist frei. Ich gleite in das Spiel hinein. Dann stoße ich auf eine kraftvolle Erinnerung und empfange einen Zustrom positiver Energie. Meine Wangen werden warm, und Champagner-Gefühle folgen.

Es ist schwer, nicht zu lächeln und sich beschwingt zu fühlen, wenn du an all das denkst, was dein zukünftiges Selbst vollbracht hat. Auch ist es schwer, keine Demut und Dankbarkeit zu empfinden, angesichts all der Menschen, denen du hilfst, indem du Kontakt zu deinem zukünftigen Selbst aufnimmst. Hast du Obdachlosen in deinem Stadtviertel geholfen? Vielleicht hast du einem Mädchen oder Jungen aus deiner Familie geholfen, den Schulabschluss zu schaffen. »Erinnerst« du dich an einen Song, den du für deine Braut geschrieben hast, wodurch eure Hochzeit für sie zu einem Tag wurde, den sie niemals vergisst?

Deute die sanfte Brise der Inspiration nicht als Mangel an Gefühl. Wir haben lediglich einige der schwereren Gefühle vorübergehend ausgeschaltet – Angst, die uns entmutigen, und falschen Stolz, der Veränderungen im Keim ersticken kann. Stattdessen ist da ein sanftes Gefühl der Nostalgie, das dich zu deinem gewünschten Platz in der Familie der Dinge leiten wird. Zu den Überraschungen zählt, dass du dich deinen Träumen näher fühlen wirst, als du je für möglich gehalten hättest – und du wirst sanft und schnell dorthin gelangen. Wenn du lernst, mit dem Gashebel der Zeit zu spielen, kannst du ziemlich schnell andere Orte aufsuchen.

Die Gefühle während des Remembering sind fein und subtil. Dennoch sind sie sehr kraftvoll.

Wenn deine Realität sich beschleunigt, musst du deinen Geist verlangsamen. Du musst alle deine Sinne einsetzen, um dich auf dein zukünftiges Selbst einzustimmen. Erinnere dich daran, wie sich die Baumwollhemden anfühlten, die dein zukünftiges Selbst so gerne trägt. Erinnere dich an den Duft der Tannen, als dein zukünftiges Selbst eine der ersehnten Waldwanderungen unternahm, und an den Geruch der neuen Bücher, die du für deine Weiterbildung durchgearbeitet hast. Erinnere dich an das gesunde Essen, das in der Pfanne brutzelte, weil du dich entschieden hattest, besser für deinen Körper zu sorgen. Erinnere dich, dass du das Rauchen aufgabst, wodurch die Feinheit deines Geruchssinns sich wieder für dich öffnete. Die Remembering-Methode ist sehr sinnesorientiert. Du musst dich dafür entspannen und aus allen Perspektiven nach Hinweisen suchen.

Das, was viele Leute für den tiefen Wunsch nach einem bestimmten Resultat halten, ist in Wahrheit die große Angst, dass es sich nicht verwirklichen wird. Diese Angst geht mit zahlreichen inneren Empfindungen einher. Beim Remembering fließen die Eindrücke sanft und leicht.

Bist du bereit, die Achterbahnfahrt der Angst aufzugeben und sie durch die süße Erleichterung des Wissens zu ersetzen? Wirst du den Verstand verlieren oder wirst du tiefe Einsichten darüber gewinnen, wie du Dinge einfacher und mit mehr Freude tun kannst?

Es geht um die Bereitschaft zu spielerischem Improvisieren und einem positiven, flüssigen Umgang mit dem Leben. Du erklärst dich mit dem gegenwärtigen Augenblick einverstanden, weil du weißt, dass er ein unverzichtbarer Teil der Vorgeschichte jener Realität ist, an die du dich »erinnerst«.

Natürlich werden nicht alle Leute daran Gefallen finden. Ich kenne viele, die es vorziehen, für ihre Erfolge zu leiden. Sie sind sich dieses Wunsches oft nicht bewusst, aber ihre äußere Situation spiegelt ihre innere Neigung wider. Ich habe mich dafür entschieden, das Leben zu genießen, Freude an meiner Arbeit zu haben und mich nicht mehr anzustrengen als nötig. Ich arbeite trotzdem mehr als die meisten meiner Bekannten, aber ich gehe einer Arbeit nach, die ich liebe und die ich mir erträumt habe. Ich habe nicht das Gefühl, mich mühsam durchs Leben kämpfen zu müssen, sondern befinde mich auf einer entspannten, faszinierenden Reise.

F: Wie kann der Remembering-Prozess mir helfen, mein Arbeitspensum zu bewältigen?

Produktivität ist ein Thema, bei dem ich über eine Menge persönliche Erfahrung verfüge. Früher kam es oft vor, dass anstehende Aufgaben und Deadlines mir Angst machten und mich einschüchterten. Das ist kein Wunder, wenn man die Herkunft des Wortes »Deadline« bedenkt (der englischen Bezeichnung für Liefer- oder Fertigstellungstermine), wie sie auf der Webseite Words@Random erläutert wird:

> *Mit deadline (wörtlich: Totenlinie) wurde ursprünglich eine Begrenzungslinie um ein Militärgefängnis bezeichnet. Wenn Gefangene diese Linie überschritten, durften sie erschossen werden. Laut Lossings History of the Civil War (1668) befand*

sich »gut fünf Meter außerhalb des inneren Palisadenzauns die ›dead-line‹, die kein Gefangener lebend überschreiten durfte«. Diese Wortbedeutung findet sich auch schon ab 1864 in den Protokollen des amerikanischen Kongresses: »Die ›dead line‹ darf von den Gefangenen nicht überschritten werden.« Ab dem Ende des 19. Jahrhunderts verschwand dieser Gebrauch des Wortes.

Wenn wir Produktivitätsprobleme haben, sind dafür fast immer falsche Vorstellungen und Ängste bezüglich der Zeit verantwortlich, die sich letztlich auf unsere Furcht vor dem Tod zurückführen lassen.

Die zu erledigende Aufgabe kann noch so sinnvoll sein, unsere Ängste, ob wir es schaffen oder nicht schaffen werden, versetzen uns in den Modus der Kampf-oder-Flucht-Reaktion, was zu einem oberflächlichen, dualistischen Konzept von Zeit und Raum führt.

Ich erinnere mich, dass ich meine zukünftigen Bücher in einer Blockhütte schrieb. Ich erinnere mich, dass ich den »Universal Audio«-Vorverstärker einstöpselte, den ich benutze, wenn ich in meinem Studio meine Gedanken ins Mikrofon spreche, ehe ich sie aufschreibe. Ich erinnere mich, dass ich während der letzten zwei Tage jeweils vierzehn Stunden geschrieben habe. Ich liebe Druck und ich liebe Deadlines.

Ich erinnere mich, dass das Buch ausgezeichnet war. Ich erinnere mich, dass meine Einnahmen daraus schon bald zu fließen begannen und bis heute reichlich sprudeln. Ich erinnere mich, dass ich unter 80 Kilo wog und regelmäßig Sport trieb.

Ich erinnere mich, dass das Schreiben des Buches mir leicht von der Hand ging und sich wunderbar anfühlte. So ist es jetzt in diesem Moment.

Dieses Buch ist schon fertiggestellt, bevor ich damit begonnen habe, es zu schreiben. In einer anderen Realität liest du es bereits. Wenn ich Angst bekomme, es nicht fertigstellen zu können, verursache ich damit eine Unterbrechung im Raumzeit-Kontinuum. Der Remembering-Prozess hilft mir, diese Angst aufzulösen, und befreit mich. Er bewirkt, dass ich produktiver werde, weil ich bereits weiß, dass das Buch fertig werden wird.

Während ich meinen Teil des Buches schreibe, ziehe ich mich gerne in mein Studio zurück, weil die Ruhe dort gut für meine Produktivität ist. Als ich einmal bis spät in die Nacht geschrieben hatte, legte ich mich im Gästezimmer meines Studios ins Bett und schlug neugierig das Buch auf, das ich gerade gekauft hatte: *Das universelle Prinzip der Selbstentfaltung* von Steve Pavlina, einem angesehenen Experten für Persönlichkeitsentwicklung. Als jemand, der in der Einheitszeit und in einer Welt der Resonanz, Synchronizität und Verbundenheit lebt, freute es mich sehr, in Steves Buch die folgende Übung zu finden. Sie ist ein weiterer wunderschöner Weg, ins Reich des Remembering einzutreten und den Frieden und die vielen Möglichkeiten zu erfahren, die dort auf uns warten:

Die Zeitreise-Meditation

»Dies ist eine Meditationsübung, die mir sehr gut gefällt. Ich glaube, dass sie auch Ihnen sehr gefallen wird. Suchen Sie zunächst einen Ort auf, an dem Sie sich körperlich entspannen können. Legen Sie sich hin oder setzen Sie sich auf einen bequemen Stuhl oder in einen gemütlichen Sessel, schließen Sie Ihre Augen und atmen Sie für ein paar Minuten tief ein und aus. Stellen Sie sich nun gedanklich einen Raum vor, in dem zwei Stühle einander gegenüberstehen. Sie sitzen in dem einen Stuhl, und in dem anderen sitzt Ihr zukünftiges Ich – die Person, die Sie in fünf Jahren sein werden. Ihr zukünftiges Ich weiß alles, was Sie wissen, und darüber hinaus, was Ihnen in den nächsten fünf Jahren zustoßen wird. Stellen Sie sich nun vor, dass Sie sich mit dieser Person unterhalten. Fragen Sie alles, was Sie wissen wollen, und hören Sie gut auf die Antworten.

Wenn das Gespräch beendet ist, bitten Sie Ihr zukünftiges Ich, sich zu erheben und den Raum zu verlassen. Stellen Sie sich nun vor, dass Ihr vergangenes Ich von vor fünf Jahren hereinkommt und Platz nimmt. Sie sind jetzt das zukünftige Ich *dieser* Person. Denken Sie einen Moment lang darüber nach, was dieses vergangene Ich in der Zwischenzeit alles durchgemacht hat. Wie sah Ihr Leben vor genau fünf Jahren aus? Stellen Sie sich vor, dass Ihr vergangenes Ich Ihnen Fragen darüber stellt, wie Ihr Leben weitergegangen ist. Sehen Sie, wie Sie seine Fragen mit Mitgefühl, Verständnis und Bestärkung beantworten. Erzählen Sie von den Herausforderungen, die in den nächsten Jahren auf Ihr vergangenes Ich warten – Herausforderungen, die Sie bereits bestanden haben.

Wenn auch dieses Gespräch zu Ende ist, kommt Ihr zukünftiges

Selbst wieder herein, und alle drei Ich-Versionen stehen auf. Ihre Körper fangen an zu glühen und durchscheinend zu werden. Sie verschmelzen ineinander zu einem einzigen Lichtwesen. Wenn dies passiert, kann es sein, dass intensive Gefühle in Ihnen hochkommen. Ihre drei Ich-Versionen sind nun ein integriertes Ganzes, ein Einzelwesen, das außerhalb der Zeit existiert. Dieses Wesen ist Ihr wahres Selbst.

Ich empfehle Ihnen, diese Meditation wenigstens einmal auszuprobieren, selbst wenn Sie noch nie zuvor meditiert haben. Sie hilft Ihnen dabei, die zeitlose Dimension Ihrer Existenz zu begreifen – dass Sie mehr sind als ein körperliches Wesen, das sich durch die Zeit bewegt. Wenn Sie sich dessen bewusst sind, werden alle Sorgen von Ihnen abfallen und von Gefühlen der Ausdehnung und der Verbundenheit ersetzt werden.«

Aus Steve Pavlina: *Das universelle Prinzip der Selbstentfaltung: Persönlichkeitsentwicklung für intelligente Menschen*. Übersetzt von Burkhard Hickisch. München, Goldmann, 2010. Abdruck mit freundlicher Genehmigung des Verlages.

F: Ich weiß, was ich mit dem Remembering-Prozess in meinem Leben erreichen möchte. Was kann ich noch tun, um meine Erfolgschancen zu erhöhen?

Wie ich schon sagte: Wenn du glaubst, etwas zu »brauchen«, und es dir angespannt herbeiwünschst, stößt du das, was du begehrst, damit weiter von deinem Energiefeld weg, weil diese Emotionen Mangel bedeuten. Hier kannst du Dankbarkeit als Tor zum erweiterten Bewusstsein benutzen, und mit dem Remembering-Prozess findest du zur Dankbarkeit.

Erinnere dich daran, was für eine klare, gut formulierte E-Mail du gerade geschrieben hast. Erinnere dich daran, wie toll deine nächste Mahlzeit schmeckte. Statt »Ich wünsche mir« sage »Ich erinnere mich« – dieses einfache Wort aktiviert einen anderen Teil deines Gehirns, einen Teil, der dir Durchbrüche ermöglicht. Du kannst dir deinen eigenen »Bannister-Effekt« schaffen. Roger Bannister war der erste Läufer, der die Meile in unter vier Minuten lief. Nachdem er diese Grenze durchbrochen hatte, schafften bald auch andere den Meilenlauf routinemäßig in weniger als vier Minuten. Man sieht daran, dass eigentlich viele Läufer in der Lage waren, so schnell zu laufen. Aber es musste ihnen zuerst jemand zeigen, dass es möglich war. Dieses Phänomen heißt seitdem »Bannister-Effekt«. Läufer waren plötzlich in der Lage, die 4-Minuten-Barriere zu knacken, weil sie sich erinnerten, dass es jemand vor ihnen geschafft hatte. Die Vorstellung, das sei unmöglich, galt nicht mehr.

Damit, dass wir uns erinnern, *etwas schon getan zu haben*, beginnt der Übergang zum vereinigten Bewusstsein. Die Erinnerung erzeugt ein entspanntes Gefühl der Fülle, das stimulierend auf unser höheres Selbst wirkt. Der Sprung besteht darin, *jetzt* dankbar zu sein für alles, was wir sind, und für alles, was wir auf Ebenen des Bewusstseins, die wir hier auf Erden noch nicht sehen können, bereits erlangt haben. Im Gegensatz dazu lässt sich der alte Bewusstseinszustand damit vergleichen, dass wir einen Baumsamen in der Hand halten und uns darüber beschweren, noch keinen Baum zu besitzen.

In unserer Vorstellungskraft tragen wir die Samen all unserer Wünsche. Wir müssen nur zur Kenntnis nehmen, dass der voll erblühte Baum unseres reinen Potenzials bereits in diesen Samen existiert.

Der amerikanische Jazz-Saxophonist und Komponist John Coltrane sagte: »Ich beginne in der Mitte eines Satzes und bewege mich gleichzeitig in beide Richtungen.« Von diesem Punkt aus sind unsere Vergangenheit und unsere Gegenwart in beiden Richtungen für uns zugänglich. So funktioniert die Zeit. Eine Einschränkung gibt es allerdings: Der Remembering-Prozess kann methodisches Arbeiten nicht ersetzen. Es ist bei jedem Projekt, das du realisieren möchtest, ein unverzichtbares Element.

Er kann es dir auch nicht ersparen, die für deine Vision notwendigen professionellen Qualitäten zu entwickeln. Der Autor David Milch, Schöpfer der Fernsehserie *Deadwood*, sagte dazu sehr treffend: »Visionen kommen zu Leuten, die gut vorbereitet sind.« Milch »erinnert« sich und erträumt Charaktere, Geschichten und Szenen, aber er verfügt auch über den Background und das nötige Wissen, um damit professionell arbeiten zu können.

Die Schwerkraft wirkt auf uns alle ein, aber manche von uns trainieren ihren Körper darauf, sich graziöser und eleganter durch unsere Schwerkraft-Realität zu bewegen. So verhält es sich auch mit dem Remembering-Prozess und der Quantenzeit. Wir sollten uns in dem kreativen Tätigkeitsfeld, in dem wir uns gerne entfalten möchten, solide Kenntnisse verschaffen. Dann können wir wirklich wahrnehmen, empfangen und schöpferisch zum Ausdruck bringen, was uns aus jenem Bereich übermittelt wird, wo die Zeit elastisch ist.

⊙ ⊙ ⊙

Je häufiger du den Remembering-Prozess praktizierst, desto mehr wird er zu einem verlässlichen Werkzeug, das du mit gutem Gefühl in vielen Situationen einsetzen wirst – sei es, um Ängste zu überwinden oder um kreativer, produktiver, ruhiger, liebevoller oder gesünder zu werden. Wenn du ihn zusammen mit anderen einsetzt, kann er dir sogar helfen, deine zwischenmenschlichen Beziehungen zu stärken, denn du knüpfst so mit anderen ein Band gemeinsamen Träumens und Spielens. Kann man bei all diesen Vorzügen überhaupt des Guten zu viel tun? Im nächsten Kapitel werden wir uns anschauen, wann der Remembering-Prozess nicht eingesetzt werden sollte.

6. KAPITEL

DAS RICHTIGE GLEICHGEWICHT FINDEN

»Zeit ist nur ein Bach, in dem ich angeln gehe.«

– Henry David Thoreau

Der Remembering-Prozess ist kein Versuch, sich an der normalen physikalischen Wirklichkeit vorbeizumogeln. Solange wir in diesem menschlichen Körper leben, sollten wir uns an dieser Wirklichkeit freuen und sie respektieren.

Auch wenn ich überzeugt bin, dass der Remembering-Prozess effektiv ist und den Weg zu unseren Zielen deutlich verkürzen kann, stellt er keinen Ersatz für harte Arbeit, gesunde Lebensgewohnheiten und Übung dar. Du kannst deine Probleme nicht spirituell umgehen.

Solches spirituelles Vermeidungsverhalten äußert sich darin, dass Menschen versuchen, die ganze Zeit in der spirituellen Welt zu leben. Sie glauben, mit Remembering, Denken oder Beten alle Probleme ohne eigene Anstrengung lösen zu können. Das ist, als würdest du in die Kirche gehen, Gott um einen Job bitten und dann tatenlos zu Hause herumsitzen und warten, dass er dein Gebet erhört. So funktioniert das nicht …

Es gibt keine spirituellen Volltreffer, die einfach ohne eigene Anstrengung passieren. Du musst dich selbst in den richtigen Zustand versetzen, um empfangen zu können, was Gott oder das Universum dir schenken.

Mit anderen Worten, dich einfach nur daran zu »erinnern«, dass du für eine Million Dollar ein Drehbuch verkauft hast, lässt deinen Traum nicht Wirklichkeit werden. Es hilft dir, Selbstvertrauen zu entwickeln und die notwendigen Schritte anzugehen. Doch du musst immer noch ein verdammt gutes Drehbuch schreiben und es zur richtigen Zeit den richtigen Leuten anbieten.

Ein Zeichen für spirituelles Vermeidungsverhalten ist, wenn du deinen normalen Alltag nicht im Griff hast: wenn du deine Rechnungen nicht bezahlst, nicht gut für deine Gesundheit sorgst, in deinem Haushalt Chaos herrscht, sich ungeöffnete Post stapelt und dein Garten zur Wildnis wird. Ein weiteres sicheres Zeichen ist, wenn du deine Freunde und generell soziale Kontakte vernachlässigst.

Wenn jemand die fünf Menschen, die dir am nächsten stehen, in deiner Abwesenheit fragen würde, ob du emotional für sie offen und erreichbar bist, sollten sie alle mit Ja antworten. Du solltest den Menschen, die du liebst, genug Zuwendung geben. Wenn sie das Gefühl haben, du hättest deine Erdung verloren oder sie wären dir neuerdings egal, hast du ein Problem. Wenn du versuchst, dich selbst positiv zu verändern, kann es leicht geschehen, dass du dich im Spirituellen verlierst. Deshalb solltest du immer fest im newtonschen »Jetzt« verankert bleiben. Unser Leben funktioniert besser, wenn wir uns seelisch im Gleichgewicht befinden. Dass du im Gleichgewicht bist, zeigt sich an dem Gefühl, gut in Verbindung zu den wirklich wichtigen Dingen im Leben zu stehen und jeden Tag dein bestes Potenzial zu entfalten. Du befindest dich nicht auf dem richtigen Pfad, wenn Leute, die dich kaum kennen, dich für einen spirituellen Guru halten, während du gleichzeitig zu Hause deine Kinder vernachlässigst.

Nutze den Remembering-Prozess also unbedingt, aber verliere nicht den Bezug zu den greifbaren Realitäten, denn nur wenn du sie ausreichend berücksichtigst, kannst du deine Ziele verwirklichen. Der Prozess gehört zu einem guten Frühstück dazu, aber er ist nicht das ganze Frühstück. Es ist uns, während wir hier sind, offenbar nur bestimmt, einen *Teil* unserer Zeit im Einheits-Zeitfeld zu verbringen. Von dieser Regel gibt es nur wenige Ausnahmen: Menschen, die in diesem Leben Erleuchtung erlangen und diesen Zustand unbeirrt aufrechterhalten. Für uns Übrige ist das sterbliche Leben eine Tatsache. Wir reisen mit unterschiedlicher Geschwindigkeit, und unser Zugang zum Unbekannten ist mal größer, mal geringer. Überall auf unserem Weg sind wir mit Entscheidungen konfrontiert. Wie trifft man gute Entscheidungen?

Schicksal kontra freier Wille

Der Remembering-Prozess ermöglicht es dir, die Ebene des Konflikts zwischen Schicksal und freiem Willen zu umgehen und einen kreativen Prozess in Gang zu setzen, der größer und umfassender ist als alles auf der dualistischen Ebene.

Manchmal werde ich gefragt, welche Beziehung zwischen Loslassen und »Gott machen lassen« besteht und wie wir unseren bewussten Willen einsetzen können, um uns an unser wahres Sein zu erinnern. Mit anderen Worten, wo verläuft die feine Grenzlinie zwischen dem Versuch, das Universum zu »kontrollieren«, indem wir ihm unseren Willen aufzwingen, und einer inneren Haltung, bei der wir das Universum einfach machen lassen und offen und empfänglich bleiben?

Sollen wir uns vollkommen hingeben und unserem höheren Selbst die Kontrolle über unsere Realität überlassen, indem wir ganz im gegenwärtigen Augenblick bleiben und gar nicht an die Zukunft denken? Oder sollen wir den Schritt nach vorn wagen und als Mitschöpfer mit unserem höheren Selbst zusammenarbeiten, indem wir den Remembering-Prozess anwenden? Und wenn wir aktiv vorwärtsgehen, gibt es dann einen Punkt, wo wir loslassen sollten? Und wenn ja, wo genau ist dieser Punkt? Den meisten Leuten, die sich »auf dem Weg« befinden, erscheint die mitschöpferische Variante aufregender, aufrichtiger und auch logischer. Doch oft erleben sie dabei einen inneren Konflikt auf der unterbewussten, oder zellulären, Ebene.

Ich persönlich neige zu der Auffassung, dass unsere großartigen kreativen Fähigkeiten unserem Lernen dienen und aus der Energie des Schöpfers kommen, und zwar unabhängig von jeglichem archetypischen oder religiösen Bild dieses Schöpfers. Wir alle sind eine Schöpfungsgeschichte von biblischen Ausmaßen.

Beim Remembering gehen wir auf einfühlsame Weise in Resonanz mit dem Unendlichen. Unsere irdischen Wünsche sind wunderbare Wegweiser, um wieder mit unserem höheren Selbst Verbindung aufzunehmen. Das bedeutet, dass unsere Wünsche unsere Aufmerksamkeit wecken. Ihr Ruf bewirkt, dass wir den Istzustand hinter uns lassen und uns auf den Weg machen. Wenn wir in eine andere Stadt umziehen wollen, dann deshalb, weil ein besseres Leben uns ruft. Vielleicht ein Leben mit mehr Komfort und Wohlstand. Vielleicht mit mehr Zeit für die Familie. Was es auch im Einzelnen sein mag, nach jedem von uns ruft ein besseres Leben, und unsere Wünsche sind die Möhren vor der Nase, die bewirken, dass wir uns überhaupt auf den Weg machen. Und am Ende dieses Weges wartet unsere kreative Erfüllung auf uns.

Der metaphysische Maler Alex Grey (www.alexgrey.com) sagt: »Künstler sind dazu aufgerufen, ihr kreatives Potenzial zu erfüllen. Entweder wählen sie diesen Weg von sich aus oder sie haben das Gefühl, dass es ihnen vom Schicksal bestimmt ist.« Wenn wir diese Sichtweise erweitern und sagen, dass nicht nur Künstler, sondern alle Menschen tatsächlich »ihr Leben selbst erschaffen«, können wir annehmen, dass unsere Wünsche der Ruf sind, unser kreatives menschliches Potenzial zu erfüllen. Mit dem Remembering-Prozess erzeugen wir eine Beziehung und Harmonie zwischen unserem animalischen Selbst und unserem höheren Schöpferselbst. Das eine ist völlig auf unser Überleben fokussiert, während das andere unendlich ist, nicht geboren wird und niemals stirbt.

Beim Remembering stoßen wir in eine andere Dimension vor. Es könnte sich um eine andere Dimension unseres Gehirns handeln oder um eine andere Dimension der Wirklichkeit. Ich glaube, es handelt sich dabei um einen Ort, wo diese beiden Entitäten miteinander vernetzt sind.

Weil das Gehirn unser Zeitreise-Instrument ist, können unsere animalischen Instinkte uns nützen, weil sie für die nötige Erdung sorgen. Sie können uns aber auch in unserer Entwicklung hemmen. Angst, Adrenalin, Cortisol und andere Stressreaktionen halten uns in unserer gegenwärtigen Realität fest. Ich sehe ein, dass der Körper alle seine Ressourcen im unmittelbaren Hier und Jetzt bündelt, wenn er glaubt, dass ein Kampf unmittelbar bevorsteht. Dann sind Zeitreisen unerwünscht. Diese Reisen in andere Wirklichkeiten eignen sich wunderbar, um Ideen zu entwickeln und Pläne zu machen. Doch beim Geschirrspülen, Marathonlaufen oder wenn du in eine Schlägerei gerätst, eignet sich die Methode nicht so gut. Ein gut integrierter Tanz zwischen dem Physischen und dem Metaphysischen ermöglicht es uns, alle Inspirationen zu nutzen, die im Zeitreise-Modus verfügbar sind. Das erklärt, warum du dich an ein Leben voller Frieden und Mühelosigkeit »erinnern« kannst, aber trotzdem *immer noch deinen Abwasch erledigen musst.*

Dieses Spannungsmoment erzeugt die Musik des Lebens, so wie die Spannung der Gitarrensaite ein Klangpotenzial erzeugt. Wenn wir uns richtig einstimmen, können wir eine Harmonie erschaffen. Erzeugen wir am animalischen Ende der Saite zu viel Spannung, reißt sie. Konzentrieren wir uns zu sehr auf das spirituelle, unendliche Ende, wird die Spannung zu gering, wodurch wir für die kosmische Symphonie unbrauchbar werden.

Dieses Gleichgewicht zu halten ist das Ziel.

Optimal ist es, wenn wir dem mittleren Bereich Leben einhauchen und hauptsächlich dort schwingen, sodass die beiden Extreme schmelzen. Indem wir uns unserer Wünsche klar bewusst werden und dankbar für sie sind, bringen wir uns immer wieder in dieses

Gleichgewicht. Denke daran: Dadurch, dass du etwas unbedingt »haben willst«, stößt du es von dir weg. Wenn du aber bereits jetzt dankbar bist, auch wenn es sich noch nicht manifestiert hat, sagst du Ja zum Universum. Damit erschaffst du Möglichkeiten.

Die Schlüssel zum Remembering-Prozess sind Selbstliebe, Selbstachtung und Selbstbewusstheit. Warte nicht, bis dir klar wird, wie enorm reich du bist. Sieh in dir gleich jetzt diesen reich gesegneten Menschen und behandle dich entsprechend. Stell dir vor, du hast Freunde, von denen du gar nicht wusstest, wie wohlhabend und erfolgreich sie sind. Wenn du es dann erfährst, fängst du plötzlich an, sie viel besser zu behandeln als zuvor. Dann würden sie höchstwahrscheinlich deinen Absichten nicht trauen.

Alles, wonach du strebst, existiert bereits in deinem Energiefeld. Schenke *jetzt gleich* deinem eigenen Selbst Bewunderung und Dankbarkeit!

Bleibe offen und lernbereit

Um deine imaginierte oder »erinnerte« Zukunft Wirklichkeit werden zu lassen, brauchst du im Grunde nur das Feeling und einige wenige Details. Währenddessen wirst du aber natürlich in der gegenwärtigen Dimension mit den Lektionen konfrontiert werden, die es auf dem Weg zu deinem Ziel für dich zu lernen gilt. Diese Lernaufgaben kann niemand umgehen.

In ihrem Buch *The Pathwork of Self-Transformation* erläutert Eva Pierrakos, warum Menschen oft so angespannt sind:

Die Zeit ist eine sehr einengende existenzielle Modalität. Sie ist ein Fragment, herausgetrennt aus einer weiteren und freieren Erfahrungsdimension. Euer vages Wissen, dass die euch in dieser irdischen Dimension zur Verfügung stehende Zeit begrenzt ist, erzeugt eine besondere Anspannung. Daher strebt ihr danach, euch von dieser Einengung durch die »Zeit« zu befreien, und spannt euch an wie ein Hund, der an seiner Leine zieht.

Wie sie erklärt, möchten wir uns auf unsere Zukunft freuen, aber das Fortschreiten der Zeit bedeutet auch Verfall und Tod – also stemmen wir uns dagegen und fürchten uns vor unserer Weiterentwicklung. Reifer zu werden bedeutet, zu altern, und altern bedeutet sterben. Da ist es kein Wunder, dass manche von uns ihr persönliches Wachstum blockieren und versuchen, jeden Beweis für ihr Altern auszumerzen. Es sind Tausende von Faltencremes auf dem Markt, aber keine Creme hilft dir, Frieden mit deinem inneren Schöpfer zu schließen.

Und genau das bist du: ein Schöpfer. Du bist die einzige Person, die dein Leben führen kann. Du wachst jeden Morgen auf und erschaffst das Leben, für das du dich entschieden hast. Modelliere es täglich so, dass du nicht nur zufrieden, sondern wirklich begeistert bist!

Natürlich wird deine Reise nicht immer ohne Komplikationen ablaufen, und das sollte sie auch nicht. Denn wie langweilig wäre es, wenn du keinerlei Herausforderungen zu meistern hättest? Jedes Mal wenn du den Remembering-Prozess anwendest, wirst du mit Problemen konfrontiert werden, um die du dich kümmern solltest. Heiße diese Herausforderungen willkommen! Sie sind natürlicher

Bestandteil deines Transformationsweges. Und diesen Weg deiner positiven Entfaltung hast du längst begonnen, denn sonst würdest du dieses Buch nicht lesen.

Als der Moment kam, ins Rubicon-Studio zu fahren, um dort zu singen, Gitarre zu spielen und meine eigenen Songs aufzunehmen, war ich nervös. Ich war auch voller Vorfreude. Aber ich wusste, dass ich im Studio mit einigen lebenden Legenden der Musikszene zusammenarbeiten würde, zum Beispiel dem anderen Joe Vitale, der schon mit Neil Young im Studio gewesen war. Und nun würde er mit mir, einem absoluten Anfänger, Aufnahmen machen!

Ich sprach mit Daniel über meine Bedenken. Sofort versetzten wir uns in die Zukunft und unterhielten uns, als wäre das Album längst fertig.

Daniel sagte: »Ich erinnere mich, dass die Aufnahmen unglaublich gut liefen. Dein Gitarrenspiel und dein Gesang harmonierten perfekt. Die Gruppe kam zusammen, als würden wir schon seit Jahren diese Songs gemeinsam spielen. Ich glaube mich zu erinnern, dass wir das ganze Album an einem Tag einspielten, statt zwei Tage zu benötigen wie vorgesehen.«

Ich ließ mich auf das Spiel ein und sagte: »Ich erinnere mich auch, dass die Aufnahmen für *Strut!* einfach eine Freude waren! Ich fühlte mich dabei sehr wohl. Es war eine wirklich tolle Erfahrung.«

Wir verbrachten ein paar Minuten damit, uns auf diese Weise zu »erinnern«, also in der Vergangenheitsform über die Studioaufnahmen zu sprechen. Damit steigerten wir die Energie und sendeten ein Signal aus, auf das die Zukunft einfach reagieren musste!

Als ich den anderen Joe Vitale vom Flughafen abholte, war er mir auf Anhieb sympathisch. Es war geradezu unwirklich, wie viele Gemeinsamkeiten es zwischen uns gab. Ich nutzte die Gelegenheit, ihn um Rat zu fragen. Ich gestand ihm, wie nervös und aufgeregt ich war. Er sagte: »Das ist doch toll! Du willst doch wohl nicht ins Studio gehen, ohne etwas dabei zu empfinden. Deine Nervosität bedeutet, dass die Sache dir wirklich wichtig ist.«

Ich fragte ihn um Rat, wie ich meine Songs singen sollte. Er antwortete: »Wir sind uns gerade zum ersten Mal begegnet. Ich kenne deine Songs nicht und habe dich noch nicht singen hören. Aber du hast einen Grund, warum du das tust. Ich sage: Geh ins Studio und zeig es uns!«

Seine Worte weckten meine Begeisterung. Zwischen dem Remembering, das Daniel und ich praktiziert hatten, und diesem Gespräch mit dem anderen Joe Vitale war ich für Probeaufnahmen im Studio gewesen. Alles war bestens gelaufen. Ich hatte alle Songs mit Leichtigkeit und fehlerfrei gesungen, und meine Stimme blieb die ganze Zeit über kraftvoll, sogar während meines dreizehn Sekunden dauernden »Urschreis« beim Wort *Strut*. Alle waren sehr bewegt gewesen.

Letztlich dauerten die Aufnahmen zwei Tage, nicht einen Tag wie in unserer »Erinnerung«, aber das spielte keine Rolle. Das Remembering hatte uns mit Energie und Zuversicht erfüllt, und das Endresultat war ein Album, das wir alle lieben.

– Joe

Hier ist mein Beispiel dafür, wie man offen für Lebenslektionen bleibt: Ich hatte Handwerker damit beauftragt, an meinem Haus einen Fußweg anzulegen. Dabei wurde ich mit meiner Neigung konfrontiert, allzu vertrauensselig zu sein.

Einer dieser Handwerker, den ich im Voraus bezahlt hatte, ließ mich sitzen, als der Job erst halb erledigt war. Er behauptete, seine Kinder seien krank und er müsse sie ständig im Krankenhaus besuchen. (Wie sich herausstellte, hatte er im Gefängnis gesessen.) Er hatte das Geld kassiert, aber dann erschien er nicht mehr zur Arbeit und war telefonisch nicht erreichbar. Zwar hätte ich dieses Erlebnis rein negativ deuten können, doch ich erkannte darin eine Gelegenheit dazuzulernen, indem ich an meinem Umgang mit Grenzen, Vertrauen und Wut arbeitete – notwendige Lektionen, die dieses Bauprojekt mir ermöglichte.

Woher weiß ich, dass diese Lektionen nötig waren? Hätte ich sie nicht gebraucht, dann hätte ich von vornherein einen besseren

Handwerker angeheuert und ihn in Raten bezahlt, wie es bei seriösen Handwerkern üblich ist.

Dass ich diese Erfahrung akzeptierte, statt inneren Widerstand aufzubauen, ermöglichte es mir, das Bauvorhaben zu Ende zu führen und meine Lehren daraus zu ziehen. Seither wähle ich die Menschen, mit denen ich arbeite, klüger aus, und meine Projekte verlaufen erfolgreich. Der Schlüssel liegt darin, dass ich mich bemühe, mehr Klarheit über meine anfänglichen Gefühle und Ideen zu gewinnen und sie genauer zu skizzieren. Diese Klarheit sorgt dafür, dass die Resultate meinen Wünschen entsprechen.

Bei Musikproduktionen in meinem Studio gehen wir genauso vor. Die Leute wären erstaunt, wenn sie wüssten, wie vage die Erinnerungen an das zukünftige Album anfangs sind. Bis sich die Vision voll entfalten kann, ist oft eine Menge Klärungsarbeit nötig.

Eine Frage der Moral

»Es ist nichts Falsches am Wunsch nach Reichtum. In Wahrheit handelt es sich dabei um den Wunsch nach einem reicheren und erfüllteren Leben. Und das ist ein höchst lobenswerter Wunsch.«

– Wallace D. Wattles

Wir nutzen den Remembering-Prozess, um unsere wahre Natur zu entwickeln, das, was den Kern eines guten Lebens und jeder echten Manifestation ausmacht. Ist es oberflächlich, wenn wir das Einheitsbewusstsein einsetzen, um materiellen Reichtum, Spielzeuge und weltlichen Erfolg zu erzeugen, vor allem wenn man bedenkt, wie viel Leid es auf der Welt gibt?

Das ist ein dualistischer Gedanke – ein Urteil. Man kann reich sein *und* bewusst, spirituell, hilfsbereit und großzügig. Und ebenso gibt es Menschen, die arm und oberflächlich sind. Diese Qualitäten schließen einander nicht aus. Um ein spirituelles Leben zu führen, ist es nicht notwendig, dass wir allem irdischen Besitz entsagen und in einer Hütte in der Wildnis hausen.

Im *Tao Te King* sagt Laotse, dass der Meister die Welt beobachtet, aber seiner inneren Vision vertraut. Er lässt die Dinge kommen und gehen, und sein Herz ist so offen wie der Himmel. Laotse erwähnt allerdings nicht, dass diese Haltung sich wesentlich schwieriger praktizieren lässt, wenn man hungrig, wütend, einsam oder erschöpft ist. Manche Menschen, die dieses Buch lesen, werden sich in weitaus schwierigeren Lebensumständen befinden als ich und andere Leserinnen und Leser. Vielleicht liest du diese Zeilen in Afghanistan, während in deiner Nähe ein Feuergefecht tobt, oder in einem Armenviertel in Indien.

Wo finden wir die Stärke, den Mut und die Weisheit, ein erfülltes und kraftvolles Leben zu führen, ganz gleich wie die äußere Situation aussehen mag? Besonders dann, wenn wir uns in einer schwierigen Umwelt behaupten müssen, kann eine neue Interpretation, eine neue Sichtweise uns sehr weiterhelfen.

Wenn du erkennst, dass es in Wirklichkeit keinen Mangel gibt, gehört dir die ganze Welt.

So gut du kannst für dich selbst sorgen, deine Wünsche und Visionen ehren und nach bestmöglichem Selbstausdruck streben –

das ist deine Berufung. Du strahlst ein ansteckendes Selbstvertrauen aus, wenn du zufrieden damit bist, du selbst zu sein, ohne dich mit anderen zu vergleichen. Du musst nicht die schönste, reichste oder talentierteste Person weit und breit sein, um diese Art von Selbstvertrauen und Zuversicht auszustrahlen. »Durchschnittliche« Menschen, die mit sich zufrieden sind, wirken sehr anziehend auf andere.

Erlaube es dir, ganz entspannt dein wundervolles authentisches Selbst sichtbar werden zu lassen.

Manche Menschen schaffen es nicht, in ihrem Leben mehr Einssein, Erfolg und Flow zu manifestieren, weil sie stets krampfhaft bemüht sind, es anderen recht zu machen. Natürlich funktioniert das nicht. Was funktioniert, ist, sich mit sich selbst wohlzufühlen. Dann wird man ganz mühelos gleichgesinnte Menschen anziehen.

Meine Treffen mit Daniel sind stets voller optimistischer Energie und Überraschungen. Wir nennen unsere freie, spontane Form des Gesprächs »Popcorning«, weil man, wie beim Popcornzubereiten, nie weiß, wo gerade etwas »aufpoppt«. Wir reden über alles, was uns gerade in den Sinn kommt, ob es mit Musik zu tun hat oder nicht. Und wenn bei unserem Ziel, tolle Musikalben zu produzieren, ein unerwartetes Problem oder eine Unsicherheit auftaucht, wenden wir sofort den Remembering-Prozess an.

Als ich begann, an den Songs für mein erstes Album als Singer/Songwriter zu arbeiten, fragte ich mich, was für Lieder das eigentlich sein sollten. Ich »erinnerte« mich, dass es zwölf Songs werden würden. Wie hatte ich mich daran erinnert? Ich setzte einfach meine Fantasie ein, um das Cover der CD zu »sehen«. Natürlich existierte das Cover zu diesem Zeitpunkt meiner Arbeit mit Daniel noch gar nicht. Es war ein Potenzial. Eine Möglichkeit.

Doch gleichzeitig existierte die CD bereits *in der Zukunft*, auf einer Zeitlinie, die sich erst noch manifestieren musste. Als ich in die Zukunft blickte, um das Album dort als fertiges Resultat zu sehen, war das Bild verschwommen, aber ich spürte, dass es real war. Es spielte keine Rolle, ob die CD, wie ich mich an sie erinnerte, wirklich der CD entsprach, die wir dann tatsächlich produzierten. Die Idee bestand einfach darin, die kreativen Energien zum Fließen zu bringen.

Als *Strut!* fertig eingespielt war, befanden sich elf Titel auf der CD, nicht zwölf. Bedeutet das, dass ich beim Remembering etwas falsch gemacht hatte? Keineswegs. Ich lernte, dass diese Erinnerungen so sind, als würde ich mich daran erinnern, was ich gestern gegessen habe. Ich weiß, dass ich gegessen habe, und ich kann mich recht gut erinnern, was es war. Aber es ist gut möglich, dass ich mich nicht genau an die Details erinnere.

Trotzdem half das Remembering mir, die CD zu erschaffen.

– Joe

Die Welt ist ein totales Spiegelbild unseres inneren Zustandes. Gibt es noch andere Möglichkeiten, das Leben zu betrachten? Selbstverständlich. Aber sind diese anderen Sichtweisen auch so inspirierend und Erfolg versprechend? Eindeutig nicht.

In einer Welt, die so relativ ist wie die, über die wir sprechen, liegt es in unserer Verantwortung, immer wieder nach der Version der Wahrheit zu suchen, die uns am meisten Kraft spendet. Das kann die »altruistischste« Wahrheit sein, muss es aber nicht. Es kann die »einfachste« Wahrheit sein, muss es aber nicht.

Letztlich benötigen wir eine innere Vision und Intuition, ein inneres Leitsystem, das uns zu echtem Wachstum und Selbstentfaltung hinführt. Wenn wir uns erst einmal im Einheitsfeld der Möglichkeiten befinden, vereinigen sich selbst Gier und Altruismus, und so können wir dadurch, dass wir uns selbst helfen, andere erreichen und auch ihnen helfen.

Zum Beispiel führt Bono, der Sänger der berühmten Rockband U2, das Leben eines weltlichen Rockstars, während er zugleich großzügig bedürftigen Menschen hilft. Oprah Winfrey hat ein Imperium aufgebaut und dabei Millionen Menschen inspiriert und ermutigt. Joe verwirklicht seine Träume, während er Bücher schreibt und andere Menschen darin unterrichtet, ihre Träume zu verwirklichen.

Mein Studio und mein Trainingsprogramm für Künstler ermöglichen es mir, zu tun, was mir von Herzen Freude macht – Musikalben aufnehmen –, und gleichzeitig helfe ich anderen, das musikalische Leben zu verwirklichen, das sie sich erträumen. Das kannst du auch, und es ist sehr befriedigend. Erinnere dich an ein Leben, das den Dienst für dein eigenes Glück ebenso beinhaltet wie den Dienst für das Glück anderer.

Ich erinnere mich, dass ich auf meiner Büroterrasse saß, umgeben von Bäumen und Vögeln und Eichhörnchen, und über einen Song nachdachte, den ich in der Zukunft geschrieben hatte, sodass es ihn noch nicht gab. Mein Denken kreiste um »Sei freundlich« als Mantra oder Thema. Dann empfing ich plötzlich Textzeilen. Das Ergebnis war der Song »Everybody's Goin' thru Something« auf meinem Album *Strut!*.

Habe ich den Song geschrieben oder mich an ihn erinnert? Beides. In der Zukunft existierte er bereits. Als ich mich an ihn erinnerte, schrieb ich ihn. Der zukünftige Joe und der gegenwärtige Joe sind ohnehin eins. Die Konvergenz bewirkte, dass ich zum Sekretär für die Verse des zukünftigen Joe wurde.

Zerbrich dir darüber nicht den Kopf! In der Zukunft wirst du es verstehen.

Erinnere dich also einfach an die Zukunft.

– Joe

Um erfolgreich zu sein, müssen wir etwas erschaffen, was für andere von Wert ist.

Jack Canfield, bekannt durch seine Buchreihe *Hühnersuppe für die Seele*, spricht von der »Liebes-Schwungkraft«. Die Methode besteht aus zwei Schritten. Zuerst nimmst du innerlich Verbindung zu deinem tiefen Herzenswunsch und Traum auf. Dann entscheidest du, wie du durch die Verwirklichung dieses Wunsches möglichst großen Nutzen für andere Menschen schaffen kannst. Bei mir ist es zum Beispiel so, dass ich es liebe, Musikalben zu produzieren und mich mit Persönlichkeitsentwicklung zu beschäftigen. Um erfolgreich zu sein, muss ich einfach mit dem weitermachen, was mir Freude macht, während ich gleichzeitig daran feile, wie ich anderen damit besonders gute Dienste leisten kann.

Erforsche deine Wünsche und vertraue auf sie. Werde dir klar darüber, wer *du* bist und was *du* willst. Finde das richtige Gleichgewicht zwischen dem newtonschen Jetzt und deinen spirituellen Zielen. Träume große Träume, aber sei auch bereit, die dafür notwendige Arbeit zu tun. Damit folgst du deiner höchsten Bestimmung und lebst dein bestes Leben.

Und während du an der Verwirklichung deiner Ziele arbeitest und dabei den Remembering-Prozess als ideales Hilfsmittel nutzt, vertraue darauf, dass du bereits dort bist, wo du sein sollst, und dass sich alles zur rechten Zeit entfalten wird.

7. KAPITEL

WAS KÖNNEN WIR ERREICHEN?

»Wie du deine Vorstellungskraft einsetzt, liegt ganz allein bei dir. … Du triffst die Entscheidung und bist somit verantwortlich dafür, wie sie sich auf die Welt auswirkt.«

– Neville Goddard

Wenn wir davon ausgehen, dass alles, was wir uns erträumen, nicht nur möglich, sondern bereits verwirklicht ist, weckt das in uns Zuversicht. In der newtonschen Welt unseres »alten Gehirns« ist es *absolut notwendig*, dass wir Zuversicht und Selbstvertrauen aufbauen. Ein grundlegender Glaube an unseren Selbstwert ist Teil des entspannten Zustandes, in den uns der Kontakt mit dem Einheitsfeld versetzt, den wir brauchen, um die Quantensprünge machen zu können, von denen in diesem Buch die Rede ist.

In der Erwartung zu leben, dass dein schönstes Leben irgendwo dort draußen im Raumzeit-Kontinuum bereits existiert, fühlt sich wunderbar an! Der Remembering-Prozess ermöglicht es dir, dieses bestmögliche Leben auf sanfte Art in deine jetzige Daseinsebene hinüberzuholen, sodass du es genießen und mit anderen teilen kannst. Und selbst wenn dem nicht so wäre, kann sich das regelmäßige Anwenden des Prozesses nur positiv auf dein Leben auswirken.

Es ist, als würdest du sagen: »Auch wenn ich kein internationaler Rockstar oder hochbezahlter Profifußballer werde, besteht der eigentliche Lohn darin, dass ich das entsprechende Potenzial in mir auf bestmögliche Weise entfalte.« Der Prozess, auf die Verwirklichung deines besten Lebens hinzuarbeiten, *ist* dein bestes Leben!

Selbst wenn die Vorstellung von einem Bewusstseinsfeld des Einsseins mit dem Universum dir nicht so ganz zusagt, wirst du höchstwahrscheinlich ein tolles Leben haben, wenn du dich zehn Jahre lang darauf konzentrierst, dir ein solches Leben zu erschaffen. Du kannst dabei nicht verlieren. Ich habe bei mir selbst und anderen erlebt, wie der Remembering-Prozess atemberaubende, geradezu unfassbare Fortschritte ermöglichte.

Mayo, ein achtzehnjähriger Rapper, gehört zu den Musikern, mit denen ich arbeite. Er hat bereits Erfahrungen mit dem Remembering-Prozess gesammelt, die er so beschreibt:

Ich erinnere mich, wie ich das erste Mal wegen Alkohol am Steuer erwischt wurde. Ich erinnere mich, wie ich zum ersten Mal meine Freundin betrog. Ich erinnere mich, wie ich davon träumte, Basketball-Superstar zu werden. Diese Augenblicke und Gedanken liegen in der Vergangenheit, und die Vergangenheit wird sich nicht ändern.

Veränderung beginnt damit, sich an die Zukunft zu erinnern.

Ich erinnere mich, wie ich bei Dan in seinem frisch gewaschenen Lexus mitfuhr und wir uns mein erstes Album anhörten. Das Eis, das wir uns bei Sandy's kauften, schmeckte süßer als je zuvor. Wir sprachen nicht ein Wort über das Album, denn das war gar nicht nötig. Wir wussten, was wir da geschaffen hatten.

Ich erinnere mich, dass ich, statt mit meinen Kumpels trinken zu gehen, abends zu Hause saß und Verse schrieb. Ich erinnere mich, dass ich mich auf meine Familie und meine Kunst konzentrierte und allen Ablenkungen widerstand. An diese Dinge erinnere ich mich, um mein volles Potenzial leben zu können.

Unser Geist ist mächtig, und wenn du ihn auf richtige Weise einsetzt, kannst du alles erreichen. Wenn du deinen Kopf mit positiven Gedanken füllst, verschwindet diese kleine Stimme, die sagt: »Du kannst das nicht.« Jedes Mal wenn ich vor einem Dilemma stehe, erinnere ich mich daran, wie ich das jeweilige Hindernis überwand. Dann setze ich diese Erinnerung in die Tat um.

Es gibt Tausende Kids auf der Welt, die sich in diesem Moment um eine Arbeitsstelle bewerben oder ihren ersten Song schreiben. Die meisten dieser Kids zweifeln daran, dass sie Arbeit finden werden oder jemand ihre Musik mögen wird. Statt an mir zu zweifeln, entscheide ich mich dafür, mich zu erinnern, wozu ich in der Lage bin, und dann nutze ich es.

Vertraue auf dich selbst und halte Wort. Nichts kann dich aufhalten, wenn du diese beiden Prinzipien in deinem täglichen Leben anwendest.

Der Remembering-Prozess ist kein bloßer Tagtraum. Er ist ein Werkzeug, das es dir ermöglicht, dich von Ablenkungen zu befreien und dich auf deine Mission zu konzentrieren. Ich erinnere mich an Liveauftritte, bei denen ich Hunderte von in die Luft gestreckten Händen sah, die sich hin und her bewegten. War ich nervös? War ich eingeschüchtert? Verdammt, ja! Trotzdem erinnere ich mich daran, und deshalb wird es geschehen.

Veröffentlicht mit Erlaubnis von Christian Mayo.

Der Remembering-Prozess gibt dir alles, was du suchst – Liebe, Verbundenheit, Gesundheit, Reichtum, Frieden … was immer du dir wünschst. Angenommen, irgendwo im Raumzeit-Kontinuum hättest du all das bereits und fühlst, dass es dir gehört – wie würde dein Leben dann aussehen?

Ich meine das nicht rhetorisch. Ich meine, dass du dir wirklich ein paar Minuten Zeit nehmen sollst, um es dir vorzustellen. Alle deine Wünsche sind bereits entfaltet und erfüllt. Wie fühlt sich das an? Wie sieht dein Leben aus? Welche Dinge ziehen dich ganz besonders an und machen dich am glücklichsten?

Es ist völlig in Ordnung, dass dies im Moment nur eine Fantasie ist – denn wie Neville Goddard sagte: »Gibt es etwas auf der Welt, das nicht zunächst eine Fantasie war? Nenne mir irgendetwas, das heute als real betrachtet wird und nicht zunächst als Vorstellung existierte.« Alles – jeder Gegenstand bei dir zu Hause, jedes Theaterstück, das du schon gesehen hast, jeder Song im Radio, jede Arznei, jede Technologie – entstammt dem fruchtbaren Boden eines schöpferischen menschlichen Geistes. Auch dein Bewusstsein verfügt über diese Fähigkeit. Du kannst dir etwas vorstellen und diese Vorstellung Wirklichkeit werden lassen. Das ist deine Macht als göttlicher Schöpfer. Wie willst du diese Macht nutzen? Was erschaffst du für dich, für deine Familie und für die Welt? Deiner Schöpfungskraft sind keine Grenzen gesetzt.

Normalerweise ist der Remembering-Prozess aufregender, wenn man ihn gemeinsam mit einem anderen Menschen praktiziert. Wie er funktioniert, ist in einer Minute erklärt – versetze dich in die Zukunft, in die Zeit nach der Verwirklichung deines Ziels, und erinnere dich auf spielerische Weise an diese Erfahrung. Aber ich habe auch erlebt, wie wirkungsvoll die Methode sein kann, wenn man sie für sich allein anwendet.

Nachdem ich mein erstes Singer/Songwriter-Album aufgenommen hatte, stellte ich mir vor, die Songs live vor

Publikum zu singen. Nach kurzer Zeit erhielt ich Anfragen für Liveauftritte. Mein Team und ich überlegten ernsthaft, ein Konzert zu organisieren. Und der andere Joe Vitale sagte, dass er jederzeit bei meinen Liveauftritten mitmachen würde.

Wow!

Doch ein möglicher Hinderungsgrund waren meine gesundheitlichen Probleme. Ich hatte zugenommen, seit ich wegen einer Fußverletzung keinen Sport mehr treiben konnte. Es war dringend nötig, dass ich diese Verletzung (Fersensporn und ein Bänderriss) überwand und Gewicht verlor. Ich wollte auf der Bühne eine gute Figur machen, beweglich sein und tanzen können.

Aber ich wusste nicht, wie ich das bewerkstelligen sollte. Mit der Fußverletzung quälte ich mich seit Jahren herum. Ich hatte es mit allen möglichen Behandlungsmethoden versucht, ohne Erfolg. Manchmal waren die Schmerzen so groß, dass ich nicht Auto fahren konnte, vom Gehen oder gar Joggen ganz zu schweigen. Was sollte ich also tun?

Dann »erinnerte« ich mich an eine Lösung. Ich setzte mich hin und stellte mir vor, mich in der Zukunft zu befinden – an einem Zeitpunkt, wo meine Fußbeschwerden geheilt waren, mein Gewicht sich stabilisiert hatte und ich so viele Konzerte gab, wie ich wollte, jedes Mal mit tosendem Applaus. In dieser Zukunft lag das, was mir solche Probleme bereitete, in einer fernen Vergangenheit. Von diesem Ort in der Zukunft aus begann ich, mich daran zu »erinnern«, wie ich meinen Fuß geheilt und mein Wunschgewicht erreicht hatte.

Ich konnte mich nicht perfekt an alle Einzelheiten erinnern. Schließlich ist das mit Erinnerungen nun einmal so! Doch allein das Wissen, in der Zukunft meine Probleme gelöst zu haben, war tröstlich und ermutigend. Es erfüllte mich mit neuer Energie. Ich überlegte mir, dass ich einen Heiler traf oder von einer neuen Behandlungsmethode erfuhr. Ich fragte mich, ob ich vielleicht ein neues Trainings- und Ernährungsprogramm entdeckte, das mir wirklich Freude machte. Ich war mir nicht sicher, was all diese Details betraf. Aber das spielte keine Rolle. Meine Zukunft stand fest. Durch das Remembering wurde sie zur inneren Gewissheit.

Wie ich dorthin gelangen würde, war noch unklar, aber es würde sich zur rechten Zeit entfalten. Ich wusste es, denn ich hatte mich daran erinnert. Und jetzt kommt es ...

Anfang 2012 reiste ich nach Hawaii, um am Transformational Leadership Council teilzunehmen. Dort begegnete mir ein chinesischer Heiler. Ich besuchte eine seiner Heilbehandlungen, die unten am Strand stattfanden. Ich war skeptisch, aber bereit, alles auszuprobieren, was irgendwie Aussicht auf Erfolg versprach. Die Behandlung bestand hauptsächlich darin, Energie in meinen Fuß zu schicken, und dauerte etwa zwanzig Minuten. Zum Abschluss sagte er: »Ich habe die Wunde geschlossen.« Ich glaubte ihm nicht. Aber während der nächsten zwei Tage ließen die Schmerzen spürbar nach, und das Laufen fiel mir wieder leichter.

Nach meiner Rückkehr nach Texas machte ein Freund mich mit den Unternehmern bekannt, die ein neues Fitnessgerät namens Nexersys auf den Markt bringen wollten. Die Leute waren mir auf Anhieb sympathisch, und ihr Produkt fand ich ausgezeichnet. Es kombiniert ein Video mit einer Abfolge von Bewegungen, bei der praktisch der ganze Körper zum Einsatz kommt. Und ich konnte dieses Training ausführen, während mein Fuß seine Heilungsreise beendete. Sehr motivierend fand ich, dass der Nexersys auch von Legenden wie Jackie Chan und dem Wrestler »The Undertaker« benutzt wurde. Es dauerte nicht lange, da legte ich mir ein solches Gerät zu, und es bekam einen festen Platz in meinem privaten Fitnessraum. Ich bin inzwischen ein solcher Fan des Nexersys, dass der *Austin American-Statesman* mich dazu interviewte und mit folgendem Satz zitierte: »Zum ersten Mal im Leben freue ich mich wirklich aufs Trainieren!«

Und dann nahm ich am Transformation Program von Bill Phillips teil, einem zwölfwöchigen Fitnesstraining für Körper und Geist. Ich hatte Bill Phillips zehn Jahre zuvor kennengelernt, als er sein Body-for-Live-Programm unterrichtete. Ich schätze ihn und seine Arbeit sehr. Das Transformation Program fiel mir leicht, und es machte großen Spaß, meinen Körper in mein eigenes Fitnessideal zu verwandeln.

Aus heutiger Perspektive sehe ich es so, dass ich diese Lösungen für langwierige Probleme fand, indem ich durch Remembering meine Energie und Zuversicht steigerte. Ich löste meine Probleme durch eine Reise in die Zukunft.

– Joe

Kannst du die Welt verändern, indem du dich für die Möglichkeit öffnest, Dinge herbei zu imaginieren? Würde sich dein Verhalten dadurch ändern?

Als ich den Collegeabschluss geschafft hatte, schenkte mir mein Bruder Jeffrey einen Button mit der Aufschrift »Was würdest du versuchen, wenn du wüsstest, dass es nicht schiefgehen kann?«. Der Remembering-Prozess verhilft dir zu dieser Art Furchtlosigkeit – durch die Vorstellung, dass du nur noch einlösen musst, was dir an einem bestimmten Punkt in der Zukunft bereits gehört.

Unsere Vorstellungen darüber, was möglich ist, haben sich, seit Beginn der Geschichtsschreibung, alle fünfzig Jahre gewandelt. Noch vor fünfzehn Jahren waren unsere Konzepte von Handys, Computern und dem Internet lediglich wie kleine Knospen oder Samen. Nanotechnik und andere Fortschritte fordern uns ständig dazu heraus, unseren Vorstellungshorizont zu erweitern.

Der Umstand, dass bisher nur wenige Leute in der Lage sind, die Einheitszeit vollständig zu erklären oder zu demonstrieren, macht sie nicht weniger real. Zudem habe ich den Eindruck, dass jene, die das Phänomen der einheitlichen Zeit kennen, dies in der Regel als persönliche Erfahrung für sich behalten.

Aus dem Zustand des Einheitsbewusstseins herauszutreten und ihn beim Namen zu nennen – darüber zu sprechen –, ist ein wenig, als wollte man »Architektur vortanzen«, um den unnachahmlichen Declan Patrick Aloysius MacManus zu zitieren, besser bekannt als der Sänger Elvis Costello. Es ist auf schöne Weise vergeblich. Wir können versuchen, die Erfahrung zu erklären, doch lässt sie sich mit Worten nur unzureichend beschreiben. Das bedeutet aber keineswegs, dass sie nicht real wäre. Bevor Newton die Schwerkraft entdeckte, war sie nicht weniger real und wirksam. Die Menschen sprachen nur noch nicht über sie.

»Die geraden Linien der Zeit sind in Wirklichkeit Fäden eines sich ins Unendliche erstreckenden Gewebes«, schreibt Deepak Chopra in *Der Weg des Zauberers*. Die newtonsche Zeit besitzt eine logische Ordnung – »Ich werde in fünf Minuten da sein« bedeutet für uns alle das Gleiche – doch die Einheitszeit enthält diese fünf Minuten und viele andere Zeitfäden, die sich in Zukunft und Vergangenheit zugleich erstrecken.

Ihrer Natur nach *existiert* die Einheitszeit einfach als Kontinuum. Und mit deiner persönlichen mentalen Zeitmaschine, dem Remembering-Prozess, kannst du dir Zugang zu ihr verschaffen. So, wie die spirituelle Erleuchtung unterschiedslos allen Menschen offensteht, diskriminiert auch der Remembering-Prozess keinen von uns: Es gibt dort draußen niemanden, der ihn besser anwenden kann als du. Immer wenn du willst, kannst du dich in diesen mentalen DeLorean setzen, auf hundertvierzig beschleunigen und den Fluxkompensator aktivieren. Dazu braucht es nur drei Worte: Ich erinnere mich.

Kürzlich war ich in Ohio, um meine Mutter im Krankenhaus zu besuchen. Während meines Aufenthalts dort erzählte mir mein Schwager von einem klassischen amerikanischen Muscle-Car, das zum Verkauf stand. Ich war nicht wirklich interessiert, aber um ihm einen Gefallen zu tun, fuhren wir zusammen hin und schauten uns den Wagen an, eine leuchtend rote Corvette Stingray, Baujahr 1972. Es war Liebe auf den ersten Blick. Es ist ein preisgekröntes Auto mit Chrom unter der Motorhaube. Ich kaufte es, aber das ist nicht der interessante Teil der Geschichte.

Die Frau des Besitzers kannte mich. Wir hatten 1972 an derselben Highschool unseren Abschluss gemacht. Und im Jahr 2011 stand ich bei ihr vor dem Haus. Ich erinnerte mich nur wenig an die Highschool und an sie überhaupt nicht. Selbst als wir später das Highschool-Fotoalbum durchblätterten und ihr Bild sahen, half das meinem Gedächtnis nicht auf die Sprünge.

Als ich wieder zu Hause in Texas war und über den Remembering-Prozess nachdachte, spürte ich den Impuls, mir alte Fotos anzuschauen. Ich kochte mir Kaffee, dann setzte ich mich hin und folgte meiner Intuition. Diese Fotos waren zehn bis zwanzig Jahre alt. Ich konnte mich an sie erinnern. Da war meine erste Frau, die 2004 starb. Da waren meine Katzen. Auch sie lebten nicht mehr. Da waren Fotos von meinen Signierstunden und von den Freunden, die mir damals so nahegestanden hatten. Jedes Foto brachte ein Gefühl zurück, eine Erinnerung, eine Person, einen Ort.

Wohin waren sie alle gegangen?

Während ich die Fotos betrachtete, kamen mir diese Augenblicke dadurch, dass ich mich an sie erinnerte, wieder sehr real vor. So wie sie einst real gewesen waren. Nun waren sie einfach Erinnerungen. Aber die Erinnerung macht sie nicht weniger real.

Da wurde mir klar, dass der Remembering-Prozess genau so funktioniert.

Wir »erinnern« uns an die Zukunft – die uns so schemenhaft erscheint wie die Vergangenheit –, aber dass wir uns nur verschwommen erinnern, bedeutet nicht, dass sie nicht geschehen ist oder nicht geschehen wird. Sie ist einfach wie ein mentaler Screenshot. Wenn ich mich nur verschwommen an die Vergangenheit erinnere, aber weiß, dass sie real war, kann es dann mit der Zukunft nicht genauso sein? Auch wenn ich nur ein verschwommenes Bild von ihr habe, kann sie real sein.

Mit anderen Worten, während ich diese Worte für dich schreibe, ist dies meine Gegenwart und deine Vergangenheit. Aber ich wurde dazu inspiriert, sie für dich zu schreiben, weil mein zukünftiges Selbst die Worte bereits verfasst hatte. Ich »erinnerte« mich daran, sie geschrieben zu haben, und das veranlasste mich, in diesem gegenwärtigen Augenblick mit dem Schreiben zu beginnen.

Und hier sind wir! Ich schreibe. Du liest. Und beide Handlungen leben in der Vergangenheit, wurden in der Zukunft vorhergesagt und existieren in der Gegenwart.

Das ist ziemlich cool, oder?

– Joe

Tue so, als wäre es real – dann wird es real

Im Remembering-Spiel gibt es keine Garantien. Aber ich wette, wenn du nicht glaubst, dass Remembering funktioniert, wenn du nicht glaubst, dass es dir einen Ausblick in dein zukünftiges bestes Leben ermöglicht, dann wird genau das eintreffen. Auf deinen Glauben kommt es an. Er kann dir eine neue geistige und seelische Perspektive eröffnen. Wenn du nach Übungen suchst, mit denen du die enormen Kräfte deiner Seele und die Möglichkeit einer multidimensionalen Existenz erforschen willst, ist der Remembering-Prozess das ideale Experimentierfeld. Probiere es aus!

Lerne, auf die unsichtbaren Kräfte zu vertrauen – jene Kräfte, die auf deine spirituellen Antennen einwirken und bestimmte »Großwetterlagen« hervorrufen. Sie öffnen dir das Tor zum Quantendenken und -fühlen und ermöglichen Reisen durch das Einheitsfeld der Raumzeit.

Man lernt eine Sprache am besten, wenn man sich einfach kopfüber hineinstürzt. In meiner Band porterdavis haben wir das Mantra: »Die beste Art, eine Sache zu tun, ist, sie zu tun.« Mein persönliches Mantra lautet: »Die beste Art, zu bekommen, was du willst, ist, zu wissen, was du willst.«

Mir gefiel der Remembering-Prozess auf Anhieb, gleich als Daniel mir zum ersten Mal davon erzählte. Der Prozess bewirkt ohne Zweifel, dass das Schreiben und Aufnehmen von Musik leichter wird und mehr Freude macht. Aber schon bald fing ich an, das Remembering auch in anderen Lebensbereichen anzuwenden.

Als ich den Auftrag erhielt, ein Buch mit dem Titel *Faith* (Glauben) zu schreiben, hatte ich keine Ahnung, wo ich anfangen sollte. Vor einer leeren Seite zu sitzen ist immer eine Herausforderung und eine Gelegenheit. Was würde ich schreiben? Ich wusste es nicht. Ich konnte einfach anfangen, Wörter zu tippen, da der Prozess des Schreibens immer zu irgendeinem Resultat führt.

Aber ich wollte, dass die Sache leichter und angenehmer wurde, also versuchte ich es mit dem Remembering-Prozess. Ich wusste, dass das Buch in der Zukunft bereits existierte. Woher wusste ich das? Ich wusste, dass ich es schreiben würde, *irgendwie*. Also musste es existieren. Alles, was ich tun musste, war, mich an es zu erinnern.

Indem ich meinem Geist ganz einfach ermöglichte, auf diese Weise über das Buch nachzudenken, empfing ich einen Eindruck, wie der Inhalt aussehen würde. Vor meinem inneren Auge schlug ich das Buch auf und schaute mir das Inhaltsverzeichnis an. Ich warf also einen Blick in meinen eigenen Geist. Zwar konnte ich nicht alles auf Anhieb klar und deutlich erkennen, aber ich sah genug, um Mut zu fassen.

An diesem Punkt begann ich mit dem Schreiben. Wieder einmal hatte ich das Remembering genutzt, um etwas zu erschaffen.

– Joe

Ich halte ein Buch in meinem Schoß, auf dessen Cover *Das Remembering-Geheimnis* steht. Habe ich dieses Cover auf ein bereits existierendes Buch aufgeklebt? Vielleicht.

Inspiriert mich das und spornt es mich an? Ja.

Die frühen Phasen des Remembering-Prozesses sind möglicherweise wichtiger als die hochfliegenden, unser Zeitverständnis auf den Kopf stellenden Quantenprozesse, weil sie bewirken, dass unsere animalischen Ängste besänftigt werden. Wir können uns entspannen und uns in Richtung unserer Träume bewegen. Sie helfen uns außerdem, zu klären, woran genau wir uns »erinnern« wollen, um unseren Seelenpfad zu erschaffen.

Was unser Leben nicht besser macht und uns nicht wirklich stärkt und ermutigt, sollte nicht als weise gelten. *Aber* wir müssen nicht die Molekularstruktur von Hustensaft verstehen, um den besseren Nachtschlaf zu genießen, den er uns ermöglicht. Alles, was wir tun müssen, ist, so viel von den Prinzipien aus diesem Buch zu übernehmen und anzuwenden, dass unsere Realität schrittweise freudiger und erfüllter wird.

Goethe sagte: »Der Mensch ist nicht geboren, die Probleme der Welt zu lösen, wohl aber zu suchen, wo das Problem angeht, und sich sodann an der Grenze des Begreiflichen zu halten.« Während du spielerisch mit dem Remembering-Prozess experimentierst, wirst du mit der Zeit einen deutlichen Unterschied zu anderen Methoden erkennen – dass nämlich beim Remembering nicht so sehr das Gesetz der Anziehung am Werk ist, sondern das Gesetz des Zulassens. Du hast ein Recht auf deine Bestimmung, deinen Wohlstand, und mit dieser Methode lässt du zu, dass dieses Gute zu dir kommt, statt anzunehmen, dass es sich nicht verwirklichen könnte. Bedenke aber, dass auch im Widerstand Schönheit liegt und dass Anspannung durchaus Wachstum, Leere und Fülle zulässt. Akzeptiere, dass dein Widerstand und deine Skepsis existieren, und gib dir dann die Erlaubnis, sie loszulassen – und sei es nur für kurze Zeit. Lasse es zu, gestatte es dir, dein Geburtsrecht wahrzunehmen, indem du dein wahres Potenzial entfaltest, so wie es dir bestimmt ist.

In seiner höchsten Form kann der Remembering-Prozess irgendwie den unteilbaren Nullpunkt anzapfen – das Nichts, aus dem alles, was wir uns wünschen, geboren wird. Unteilbar, mit Freiheit und Gerechtigkeit für alle. Für wirklich jeden Menschen.

Ich erinnere mich an eine Zeit, bevor ich den Remembering-Prozess entdeckte. Damals fühlte sich mein Leben ziemlich mangelhaft an, und meine kreativen Fähigkeiten waren blockiert. Jetzt, während ich diese Sätze für dich aufschreibe, bin ich zutiefst glücklich: Meine Frau hat gerade unser erstes Kind zur Welt gebracht. Das – und die Tatsache, dass ich mit einer Band, die ich liebe, erfolgreich zusammenarbeite, mit viel Freude Musiker coache, mein erstes Buch geschrieben habe (wie du siehst) und sogar dieser wundervolle Fußweg an meinem Haus endlich angelegt ist (mit der Tischtennisplatte genau dort, wo ich sie in meiner Erinnerung gesehen habe) – sagt mir, dass der Remembering-Prozess funktioniert. Ich lebe mein bestes Leben, und es bereitet mir große Freude, herauszufinden, was hinter der nächsten Wegbiegung auf mich wartet.

Ich erinnere mich, dass heute auch für dich ein wunderbares neues Kapitel beginnt, in dem sich dein bestes Leben großartig entfaltet.

Du bist bereits auf dem Weg. Gehe diesen Weg des Wachstums und der Weiterentwicklung entschlossen weiter.

NACHWORT

von Joe Vitale

»Akzeptiere es als deine Verantwortung, das Universum zu verstehen, denn die einzige Art, das Universum zu verstehen, die für dich von Nutzen sein wird, ist deine eigene.«

– Terence McKenna

Jedes Mal wenn ich eine klare Absicht formuliere, setze ich damit unsichtbare Kräfte in Gang.

Wie ich schon berichtete, empfahl mir, als ich mich wieder in Form bringen wollte, ein Freund ein Hightech-Fitnessgerät namens Nexersys – ein interaktives Computerspiel mit gepolsterten Prallplatten, gegen die man boxt oder tritt. Mir gefiel die Idee, und ich kaufte mir diese Maschine. Damit schaffte ich es in wenigen Wochen, mein Übergewicht loszuwerden, und hatte viel Spaß dabei. Aber es kommt noch besser.

Ich lud mir bei iTunes die Nexersys-App herunter. Bei diesem Spiel schlägt man nicht gegen Platten, sondern drückt Tasten, die auf dem Bildschirm auftauchen. Stell dir meine Überraschung vor, als die erste Zeile lautete: »Ich bin dein Selbst aus der Zukunft. Wenn du so gut in Form sein willst wie ich, musst du hart trainieren!«

Mein Selbst aus der Zukunft? Wunderbar!

Ich möchte dir noch ein Beispiel dafür geben, wie das alles funktioniert: Nachdem ich in weniger als zwei Jahren vier Musikalben aufgenommen hatte, fühlte ich mich in musikalischer Hinsicht ausgebrannt. Der kreative Fluss war versandet, und mir fielen keine neuen Songs mehr ein. Leidenschaft und Interesse waren verflogen. Ich wollte die Sache aufgeben. Ich sprach mit Daniel über meine Gefühle, und natürlich versuchten wir es mit dem Remembering-Prozess. Ich reiste in die Zukunft – mental – und sah, dass ich ein weiteres Album fertig aufgenommen hatte. Aus meiner momentanen Gefühlslage heraus erschien mir das schwer vorstellbar, aber ich akzeptierte diesen Blick in die Zukunft. Ich beurteilte und wertete nicht.

Dann entschied ich, es darauf ankommen zu lassen. Ich sagte Daniel, dass ich bis Weihnachten irgendwie fünf weitere Songs schreiben und aufnehmen würde. Das war in nur zwei Monaten. Er forderte mich spielerisch heraus und legte die Latte noch höher: »Warum nicht gleich zehn Songs?«

Du weißt ja – ich hatte *keine* Songs und *kein* Interesse … aber ich ließ es trotzdem zu, dass der Prozess sich entfaltete.

Und was passierte? Am nächsten Tag hatte ich einen neuen Song. Dann fielen mir immer mehr ein, insgesamt zwölf. Ich nahm sie alle, feilte und polierte sie ein wenig und war völlig erstaunt über das, was ich da aus der Zukunft empfangen hatte. Als wir ins Studio gingen und die zehn Songs für das Album aufnahmen, war die Musik einfach umwerfend. Die leisen Stücke klangen wie von Engeln geküsst, und die Rocknummern weckten die Toten auf!

Ich bin immer noch von Ehrfurcht erfüllt angesichts dieser Musik, die zu mir kam, weil ich mich an sie erinnerte. Und es ist doch wirklich bemerkenswert, dass ich ohne jede musikalische Inspiration gewesen war, bevor ich mich für einen Moment an die Zukunft erinnerte. Doch sobald ich die Inspiration aus der Zukunft zuließ und akzeptierte, öffnete sich die Welt, und Schätze erwarteten mich.

Auch *dein* zukünftiges Selbst wartet auf dich. Du musst nichts weiter tun, als in die Zukunft zu schauen – und zuzulassen. Wenn du nach einer hilfreichen Methode suchst, die deinen Weg leichter macht, eignet sich der Remembering-Prozess ideal.

Und ich garantiere dir aus eigener Erfahrung, dass du dabei eine Menge Spaß haben wirst! Aber ich bin sicher, dass du dich daran auch erinnern wirst.

Während du in den nächsten Wochen durchs Leben gehst, halte immer wieder nach Gelegenheiten Ausschau, den Remembering-Prozess anzuwenden. Schon bald wird er dir zur zweiten Natur werden. Aber beginne damit, dass du immer dann, wenn du dich ein bisschen blockiert, unsicher oder uninspiriert fühlst, einen Moment innehältst und dich fragst: *Wie kann ich den Remembering-Prozess einsetzen, um diese Situation positiv zu verändern?*

Sei bereit, den Sprung in die Zukunft zu wagen und dein Bewusstsein weiter zu öffnen, als du für möglich gehalten hättest. Dein Geist besitzt unendliche Macht und kann dich zur Erfüllung all deiner Träume tragen.

Ich erinnere mich, dass du dieses Buch erfüllt von Neugierde und Optimismus zugeklappt hast. Und ich erinnere mich, dass du bald darauf einen kreativen Durchbruch erlebtest, der sich sehr positiv auf dein ganzes Leben auswirkte. Ich erinnere mich, wie dankbar ich war, dass ich dazu ein wenig beitragen konnte.

Danke, dass du unser Buch gelesen hast. Ich bin sehr gespannt, was du damit anfangen wirst.

DER REMEMBERING-PROZESS IN AKTION

Du musst uns nicht blind glauben, dass der Remembering-Prozess funktioniert. Wir haben ihn inzwischen vielen Klienten und Freunden beigebracht und hören von ihnen immer wieder, wie gut er auch für sie funktioniert. Hier sind einige ihrer Geschichten:

> Für mich war das Remembering ein Weg, mich metaphysisch in die Zukunft zu projizieren. Sich zu erinnern implizierte, dass ich ein Ziel erfolgreich erreicht hatte. Das befreit uns von dem Druck, der so viele von uns scheitern lässt. »Wie schaffen wir es dorthin« wird zu »Wie haben wir es dorthin geschafft«. Das bewirkte bei mir, dass ich mit einer ruhigen inneren Zuversicht auf meine Ziele hinarbeiten konnte. Zu wissen, dass ich irgendwo in der Zeit mein Ziel schon erreicht habe, bewirkt, dass ich meine Fortschritte aus einer anderen Perspektive sehe. Du kannst dich entspannen, weil du weißt, dass deine Arbeit das gewünschte Resultat hervorbringen wird. So kannst du dich auch an den kleinen Fort-

schritten freuen, weil sie die Reise repräsentieren, die du zu deinem Ziel unternimmst. Die Reise ist Leben, und oft versäumen wir es, den Prozess zu genießen, während wir mittendrin sind. Meistens blicken wir erst zurück, wenn er vorbei ist, und wissen ihn erst dann zu schätzen.

Der Remembering-Prozess holt dich ins Jetzt. Wenn du ganz ruhig und bei dir bist, beginnen Kreativität und Inspiration zu fließen. Auf diese Weise mit deiner Psyche zu spielen ermöglicht es dir, die traditionellen Regeln des Denkens zu durchbrechen, um die Resultate zu verwirklichen, die du dir wünschst. Dieser Prozess, die Realität umzuformen, ist bei jedem Ziel eine enorme Hilfe. Auch wenn er nur eine Komponente für meinen Erfolg während dieses Jahres war, trug er doch ganz wesentlich dazu bei.

– **Brandon Sparks** *von der Band Patton Sparks (www.pattonsparks.com) und der Barton Creek Lending Group*

⊙ ⊙ ⊙

Was die Anwendung des Remembering-Prozesses angeht, betrachte ich mich noch als Anfänger. Er hat mir bereits bei einigen Gelegenheiten geholfen, aber der entscheidende Aspekt ist: Er hilft mir zu sehen, wozu ich wirklich in der Lage bin. Ich erinnere mich nie an etwas, das außerhalb meiner Möglichkeiten liegt. Darin liegt die wahre Kraft dieser Methode. Es ist ein enormer Unterschied, ob man hofft und wünscht, ein bestimmtes Ergebnis möge sich einstellen, oder ob man voller Selbstvertrauen weiß, dass man es, ohne zu zögern, tun kann. Mein Gehirn lässt nur realistische Erinnerungen zu, und daher öffne ich meine Augen für mein wahres Potenzial, indem ich mich an die Zukunft erinnere. Ich gehe davon aus, dass das nicht nur bei mir der Fall ist. Durch die Tatsache, dass die Erinnerungen wirklich realistisch sind, ist diese Methode von unschätzbarem Wert.

Was meine Beziehungen angeht, habe ich mich durch Remembering von Unsicherheit, Gefühlsüberschwang und Nervosität befreit. Ich habe mich aus der Zukunft daran erinnert, wie stark und einmalig ich bin. So finde ich meine Mitte und bin Stresssituationen viel besser gewachsen. Ich habe mich »erinnert«, dass ich ein Mensch bin, für den Liebe ein Verb ist, und dass darin mein wahres Potenzial liegt. Mich aus der Zukunft zurückzuerinnern hilft mir, besser zu lieben. Es hilft mir, zu meinen wahren Möglichkeiten zu erwachen.

Was meine Arbeit als Trainer und Sensei angeht, hat das Remembering meinen Schülern die Augen für ihr eigenes Potenzial geöffnet. Ich fange mit ihnen klein an … es muss beim Remembering-Prozess ja nicht immer um die besonders großartigen Ziele gehen. Den Schülern, die sich körperliche Fitness zum Ziel gesetzt haben, sage ich: »Gegen ungesunde Ernährung kann das beste Training nichts ausrichten.« Statt dass sie sich auf die Erinnerung an ihren perfekten Strand-Körper fokussieren, lasse ich sie sich an das morgige Frühstück erinnern. Ich erinnere mich einfach für sie, indem ich Dinge sage wie: »Ich erinnere mich, dass du aufwachtest und dachtest: ›Heute ist der Tag, an dem ich endlich Reitstunden nehme, statt die Erfüllung meines Traumes immer weiter aufzuschieben.‹ Ich erinnere mich, dass du zum Frühstück eine halbe Tasse Haferflocken mit drei Eiweiß gegessen hast. Ich erinnere mich, dass du zu dir sagtest: ›Hey, das ist ja wirklich nicht schwer zuzubereiten!‹ Ich erinnere mich, dass du dich als Folge dieser neuen Art zu frühstücken besser und energiegeladener fühltest. Ich erinnere mich, dass dir klar wurde, wie entschlossen und tatkräftig du sein kannst, statt immer nur von Veränderungen zu reden.«

Für langfristige Ziele wie den Erwerb eines braunen Gürtels führe ich Schüler mit blauem Gürtel folgendermaßen in das Konzept ein: »Ich erinnere mich an den Tag in der Grappling-Klasse, wo du auf der Matte jeden Gegner zur Aufgabe gezwungen hast. Sogar die, die doppelt so groß waren wie du und genauso erfahren … erinnerst du dich daran?« Indem ich diese Frage stelle und ihnen dieses Szenario als »zukünftige Erinnerung« vorgebe, bekommt die disziplinierte Wiederholung von Sankaku-jime-Griffen oder Kreuzhebeln Zweck und Richtung. Und außerdem sage ich zu ihnen: »Ich erinnere mich, dass du an dem Wochenende, nachdem du deinen braunen Gürtel errungen hattest, an den Strand gingst. Du hast dein Hemd ausgezogen, und deine Freunde sagten: ›O mein Gott, wie hast du das bloß geschafft? Ich habe noch nie jemanden gesehen, der so durchtrainiert ist!‹ Erinnerst du dich daran? Ich erinnere mich, dass du beim Kickboxen ein ganz neues Level erreicht hast … Angriff, Verteidigung, Bewegungsabläufe und Kondition – alles Spitzenklasse! Erinnerst du dich daran?«

Dann sehe ich, wie es in ihnen arbeitet. Sie sehen die inneren Bilder, sie erinnern sich. Sie sehen die zukünftige beste Version ihrer selbst. Und es ist keine bloße Fantasie – sie erkennen, dass sie es wirklich tun können.

– **Sean Nolan**, *Kampfkunsttrainer*

⊙ ⊙ ⊙

Der Remembering-Prozess ist eine Übung zur Stärkung des Geistes, aber er geht viel tiefer als eine bloße Übung. Er ist wirklich real. Wenn ich meinen inneren Widerstand aufgab und mein Denken alle Details erfassen ließ – die Geräusche, wonach die Luft roch, die Temperatur im Zimmer, die anderen Menschen, die in der Stunde meines Erfolgs bei mir waren –, war das, was ich erreichen wollte, nicht mehr nur eine Hoffnung, ein Traum, ein Ziel, eine Behauptung. Es war Realität. Ich hatte wirklich und aufrichtig das Gefühl, dass es bereits Wirklichkeit war. Ich war in diesem Moment so bewegt, dass mir die Tränen kamen.

Zugleich fühlte ich eine tiefe Entspannung und Ruhe wie nie zuvor. Und dieses Gefühl ist geblieben. Die Sehnsucht und die Frustration darüber, dass der Erfolg so weit entfernt zu sein schien, waren verschwunden. Remembering versetzte mich nicht nur in die Lage, das, was ich mir wünschte, zu visualisieren, sondern weckte in mir die Überzeugung, dass ich es bereits geschafft habe. Skepsis, Angst zu versagen, Angst vor dem Erfolg – das alles liegt hinter mir. Und wenn ich spüre, dass diese alten Gefühle sich wieder einschleichen, sorgt der Remembering-Prozess schnell für Abhilfe.

– **Josh Patton** *von der Band Patton Sparks, www.pattonsparks.com*

⦿ ⦿ ⦿

Erinnern und Kreativität sind schon seit langer Zeit der Schlüssel zu unseren Geschichten, Liedern, Kinofilmen, Romanen, Erfindungen, Träumen, Beziehungen und allem, was uns Menschen ausmacht. Diese elementare Verbindung zu erkennen war ein wirklicher Geniestreich. Dabei stand uns diese Möglichkeit immer schon offen. Zum ersten Mal hörte ich im Gespräch mit Daniel Barrett von dem Remembering-Prozess, und ich bin Dan und Joe außerordentlich dankbar dafür, dass sie den Wert dieser Methode erkannten und dieses Buchprojekt verwirklichten. Ich war sofort fasziniert und beschloss, den Prozess bei meinen Musikschülern anzuwenden. Die Wirkung war beeindruckend: Die Schüler in meinen Songwriting-Kursen schaffen es nun mit Leichtigkeit, kreative Blockaden zu überwinden und die authentischen Songs zu schreiben, die sie und ich uns wünschen.

In die Zukunft zu schauen und von dort die Gegenwart zu definieren war eine bemerkenswerte Abkürzung hin zu musikalischen Fertigkeiten, von denen meine Schüler zuvor kaum zu träumen gewagt hätten. Ich setze das Remembering im Unterricht ein und fordere meine Schüler auf, sich vorzustellen, dass sie mit ihren musikalischen Projekten enorm erfolgreich sind. Wie sehen sie aus, wenn der angestrebte Erfolg da ist? Wie fühlen sie sich? Welche Fertigkeiten müssen sie erwerben, um die Herausforderung zu meistern? Die Methode hilft, die eigenen kreativen Ziele zu definieren, und sorgt für Hoffnung, Wachstum und, vor allem, innere Offenheit für wunderbare Möglichkeiten.

Außerdem erprobte ich die Methode auch beim Schreiben meiner eigenen Songs. Der erste Song, der auf diese Weise entstand, fühlte sich auf Anhieb rund und stimmig an. Ich halte ihn für den besten, den ich bislang geschrieben habe. Ich kann mir vorstellen, dass dieses Buch vielen Menschen helfen wird, eine bessere Welt für uns alle zu erschaffen!

– **Kevin Carroll**, *Musiklehrer, www.kevincarroll.net*

⊙ ⊙ ⊙

Als Paarberater und Beziehungscoach ermutige ich Paare immer wieder, sich in das Leben »hineinzuträumen«, das sie sich individuell und in der Partnerschaft wünschen. Der Remembering-Prozess bietet Menschen, die sich einen gemeinsamen Raum der Liebe schaffen möchten, konkrete Wegweisung in einer Landschaft, die manchmal verwirrend erscheint, voller unvorhergesehener Biegungen und Wendungen. Den »Glaubensmodus« zu aktivieren ist ein wunderbares Werkzeug für

Paare, die einen schönen, nährenden Raum schaffen wollen, wo sie ihre gemeinsame Vision verwirklichen können.

– **Jeffrey Sumber,** *Paarberater und Psychotherapeut, www.jeffreysumber.com*

◉ ◉ ◉

Der Remembering-Prozess verlieh mir den Mut, Neues auszuprobieren. Denn ist es nicht viel einfacher, sich an etwas zu erinnern, das bereits geschehen ist, als mit etwas völlig Neuem aufzuwarten? Unbekannten Erfahrungen, Träumen und unerreichbar scheinenden Wünschen einen Rahmen zu geben, indem ich mich an sie erinnere, lässt sie mir näher und realistischer erscheinen. Statt ängstlich über das *Wie* nachzugrübeln, frage ich mich jetzt nur noch: *Wann?*

– **Heather Miller,** *Musikerin, www.heathermillermusic.com*

◉ ◉ ◉

In meinem Leben als Musikerin nutze ich den Remembering-Prozess mit großem Erfolg, sowohl im kreativen wie im geschäftlichen Bereich. Im Alltag ermöglicht er es mir, mit klarem Plan und Ziel die zahlreichen, während des Tages anfallenden Aufgaben und kleinen Projekte zu bewältigen. Als Bühnenkünstlerin versetzt er mich in die Lage, mich an jeden Auftritt so zu erinnern, wie ich es mir wünsche. Dadurch bin ich auf der Bühne offen und geerdet, denn ich habe ja bereits über den gewünschten Verlauf des Konzerts meditiert. Insgesamt ist das Remembering außerordentlich hilfreich, um sich Ziele zu setzen und diese zu erreichen. Der Prozess öffnet mir neue Wege und Möglichkeiten, wenn ich Gefahr laufe, in einem Teufelskreis der Selbstblockade stecken zu bleiben. Er hilft mir, über die eigene Nasenspitze hinauszublicken, und öffnet meine Welt.

– **Jana Pochop**, *Sängerin und Songwriterin, www.janapochop.com*

INTERNETADRESSEN

Dr. Joe Vitale: www.mrfire.com

Daniel Barrett: www.rubiconartistdevelopment.com

Gay Hendricks beschreibt die »Einstein-Zeit« in seinem Buch *Lebe dein Leben, bevor es andere für dich tun* (englische Webseite zum Buch: www.thebigleap.net). Auf seiner Webseite www.hendricks.com gibt es weitere Informationen zu seinen Büchern und Seminaren.

Win Wenger, Schöpfer von »Image Streaming«: www.winwenger.com

Fred Alan Wolf, Physiker und einer von Joes Filmpartnern im Film *The Secret*. Wenn du mehr über die Quantenzeit erfahren möchtest, besuche seine Webseite www.fredalanwolf.com.

Die Long Now Foundation wurde 1996 gegründet, um auf kreative Weise ein Bewusstsein zu fördern, bei dem wir in langen Zeiträumen denken und Verantwortung für die nächsten 10 000 Jahre übernehmen: www.longnow.org.

Großartige Interviews und Artikel zum Thema Kosmos, Bewusstsein und Gott finden sich auf www.closertotruth.com.

Briefe aus der Zukunft: www.futureme.org

Miracles Coaching: www.MiraclesCoaching.com

BIBLIOGRAFIE

Allen, James: *As A Man Thinketh*. Boston: Thomas Y. Crowell, 1913. (*Wie wir denken, so leben wir*. Norderstedt: Books on Demand, 2013.)

Arntz, William; Chasse, Betsy; und Vicente, Mark: *What the Bleep*

Do We Know? Discovering the Endless Possibilities for Altering Your Everyday Reality. Deerfield Beach, FL: Health Communications, 2005. (*Bleep: an der Schnittstelle von Spiritualität und Wissenschaft*. München: Heyne, 2011.)

Atkinson, William Walker: *Thought Vibration, or The Law of Attraction in the Thought World.* Chicago: New Thought Publishing, 1906.

Atwater, P.M.H: *Future Memory.* Charlottesville, VA: Hampton Roads, 1999, 2013.

Braden, Gregg: *The Divine Matrix: Bridging Time, Space, Miracles, and Belief.* Carlsbad, CA: Hay House, 2007. (*Im Einklang mit der göttlichen Matrix*. Burgrain: Koha, 2007.)

Bristol, Claude M: *The Magic of Believing.* New York: Pocket Books, 1991. (*Erfolgreich – the magic of believing*. Leipzig: Deltus, 2010.)

Byrne, Rhonda: *The Secret.* New York: Atria Books/Beyond Words, 2006. (*The secret = Das Geheimnis.* München: Goldmann, 2007.)

Chandler, Steve: *Time Warrior: How to Defeat Procrastination, People-Pleasing, Self-Doubt, Over-Commitment, Broken Promises, and Chaos.* Anna Maria, FL: Maurice Bassett, 2011.

Coates, Denise: *Feel It Real! The Magical Power of Emotions.* DeniseCoates.com, 2006.

Davies, Paul: *About Time: Einstein's Unfinished Revolution.* New York: Touchstone, 1995. (*Die Unsterblichkeit der Zeit: die moderne Physik zwischen Rationalität und Gott.* Bern: Scherz, 1995.)

Dyer, Wayne W.: *The Power of Intention: Learning to Co-Create Your World Your Way.* Carlsbad, CA: Hay House, 2004. (*Mit Absicht: den eigenen Lebensplan erkennen und verwirklichen.* München: Goldmann, 2005.)

Eker, T. Harv: *Secrets of the Millionaire Mind: Mastering the Inner Game of Wealth.* New York: HarperCollins, 2005. (*So denken Millionäre: die Beziehung zwischen ihrem Kopf und ihrem Kontostand.* Kulmbach: Börsen-Medien, 2005.)

Fengler, Fred, und Varnum, Todd: *Manifesting Your Heart's Desires.* Book I and Book II. Burlington, VT: HeartLight, 2002.

Ford, Debbie: *The Dark Side of the Light Chasers.* New York: Riverhead Books, 1998. (*Schattenarbeit: Wachstum durch die Integration unserer dunklen Seite.* München: Goldmann, 2011.)

Garnier-Malet, Lucille und Jean-Pierre: *Change Your Future Through Time Openings.* 2011.

Goddard, Neville: *Immortal Man: A Compilation of Lectures.* Camarillo, CA: DeVorss & Company, 1984.

Gott, J. Richard: *Time Travel in Einstein's Universe: The Physical Possibilities of Travel Through Time.* New York: Mariner Books, 2002. (*Zeitreisen in Einsteins Universum.* Reinbek: Rowohlt, 2002.)

Grabhorn, Lynn: *Excuse Me, Your Life Is Waiting: The Astonishing Power of Feelings.* Charlottesville, VA: Hampton Roads, 2003. (*Aufwachen – dein Leben wartet: die erstaunliche Macht der Gefühle.* München: Goldmann, 2004.)

Hartong, Leo: *Awakening to the Dream: The Gift of Lucid Living.* Salisbury, United Kingdom: Non-Duality Press, 2001. (*Zum Traum erwachen: die Kunst hellsichtig zu leben.* Winterthur: Ed. Spuren, 2006.)

Hawkins, David R.: *Power vs. Force: The Hidden Determinants of Human Behavior.* Carlsbad, CA: Hay House, 2002. (*Die Ebenen des Bewusstseins: von der Kraft, die wir ausstrahlen.* Freiburg im Breisgau: VAK, 1997.)

Hicks, Esther und Jerry (the Teachings of Abraham®): *Ask and It Is Given: Learning to Manifest Your Desires.* Carlsbad, CA: Hay House, 2004. (*Wünschen und bekommen: wie Sie Ihre Sehnsüchte erfüllen.* Berlin: Allegria, 2005.)

Katie, Byron; mit Stephen Mitchell: *Loving What Is: Four Questions That Can Change Your Life.* New York: Three Rivers Press, 2002. (*Lieben was ist: wie vier Fragen Ihr Leben verändern können.* München: Goldmann, 2002.)

Landrum, Gene N.: *The Superman Syndrome: The Magic of Myth in the Pursuit of Power: The Positive Mental Moxie of Myth for Personal Growth.* iUniverse, 2005.

Lapin, Jackie: *The Art of Conscious Creation.* Charleston, SC: Elevate, 2007.

Lederman, Leon M., und Hill, Christopher T.: *Quantum Physics for Poets.* New York: Prometheus Books, 2011.

Lipton, Bruce H.: *The Biology of Belief: Unleashing the Power of Consciousness, Matter & Miracles.* Carlsbad, CA: Hay House, 2008. (*Intelligente Zellen: wie Erfahrungen unsere Gene steuern.* Burgrain: Koha, 2006.)

Lynch, David: *Catching the Big Fish: Meditation, Consciousness, and Creativity.* New York: Jeremy P. Tarcher/Penguin, 2006.

McTaggart, Lynne: *The Intention Experiment: Using Your Thoughts to Change Your Life and the World.* New York: Free Press, 2007. (*Intention: mit Gedankenkraft die Welt verändern; globale Experimente mit fokussierter Energie.* Kirchzarten: VAK, 2007.)

Miller, Carolyn: *Creating Miracles: Understanding the Experience of Divine Intervention.* Tiburon, CA: H.J. Kramer, Inc., 1995.

Pickover, Clifford A.: *Time: A Traveler's Guide.* New York: Oxford University Press, 1998.

Rhinehart, Luke: *The Book of est.* 2009. *(Das Buch Est.* München: Hugendubel, 1983.) www.thebookofest.com.

Root-Bernstein, Robert und Michèle: *Sparks of Genius: The 13 Thinking Tools of the World's Most Creative People.* New York: Mariner Books, 1999.

Vitale, Joe: *The Attractor Factor: 5 Easy Steps for Creating Wealth (or Anything Else) from the Inside Out.* Hoboken, NJ: J. Wiley & Sons, 2008.

—: *Faith.* Toronto: BurmanBooks, 2013.

—: *The Miracles Manual: The Secret Coaching Sessions.* Hypnotic Marketing, Inc., 2013. www.miraclesmanual.com.

Wattles, Wallace D.: *How to Get What You Want.* 1909.

—: *The Science of Getting Rich.* New York: Jeremy P. Tarcher/ Penguin, 2007. (*Die Wissenschaft des Reichwerdens.* Neuenkirchen: Rabaka, 2008.)

Wright, Kurt: *Breaking the Rules: Removing the Obstacles to Effortless High Performance.* Boise, ID: CPM, 1998.

DANKSAGUNG

Danke an Andrea, meine schöne Frau. Ohne dich und deine Ermutigung würde dieses Buch nicht existieren. Du verwandelst mich in einen Menschen, der geliebt wird. Jana Pochop, ich schätze dich sehr. Du sorgst dafür, dass mein Leben, mein Geschäft und meine Kunst im Fluss sind. Du bist ein integraler Bestandteil meiner Arbeit. Ich danke dir. Mathes Sclafani: Danke, dass du diese Worte liebst. Liebe ist ein Verb! Danke, C. J. Johnson, dass Sie den Kontakt zu Joe herstellten und mir Hörbücher empfahlen, die mein Leben veränderten. Natalie Goldberg danke ich dafür, dass sie seit fast zwanzig Jahren meine schriftstellerische Kreativität im Fluss hält, und das sogar aus der Ferne. An die Rubicon-Künstler und ihre Familien: Ihr gebt mir so viel, für das ich dankbar bin. Lasst uns auch weiterhin gemeinsam unsere Träume hegen und pflegen! Danke an die Sumber-Familie, die Wulwick-Familie, Michelle Bohls, Doc, Kevin Carroll, die porterdavis-Familie, Nerissa Oden, Mark Hallman und Gay Hendricks.

Ein ganz besonderer Dank geht an Joe, meinen Koautor, Zeitreisenden und außergewöhnlichen Freund. Jemand, der Musik, persönliches Wachstum, Freundschaft und Wahrheit so sehr liebt wie du, ist selten. Jemand, der sich so sehr für diese Ideale einsetzt, ist noch seltener. Ich bin so dankbar für deine Gegenwart in meinem Leben und dafür, dass wir diesen Teil unserer Reise miteinander teilen.

In Liebe
Dan – aus dem weiten Feld des großen, wunderbaren »Jetzt«

Ganz entscheidend zur Entstehung dieses Buches trugen Suzanne Burns und Mathes Jones bei. Jenna Glatzer half, den Inhalt zu erweitern und ihm den nötigen Feinschliff zu geben. Auch danke ich meiner geliebten Nerissa dafür, dass sie mich uneingeschränkt darin unterstützt, Dinge zu tun, die Freude machen, wie Musik komponieren und dieses Buch schreiben. Arielle Ford danke ich dafür, dass sie mich Reid Tracy vorstellte, dem Verlagsleiter von Hay House. Und Mathew Dixon gebührt Dank, weil er entscheidend dazu beitrug, eine Veröffentlichung dieses Buches möglich zu machen. Und natürlich danke ich Daniel von ganzem Herzen dafür, dass er mich den Remembering-Prozess lehrte und mir half, meine Musik lebendig werden zu lassen, indem ich mich an sie »erinnerte«.

In Liebe
Joe – wo immer »ich« gerade bin